추천사

○ ● ○

우리는 공동생활의 질서를 유지하기 위하여 법을 만듭니다. 민주 국가에서는 다수결의 원칙에 따라 민주적이고 합리적인 방법으로 법을 만들지만, 다수의 의견이 항상 옳은 것은 아니지요. 정의가 다수결에 의해 결정되지 않는다면 어떻게 해야 할까요? 모두의 자유와 권리를 보장하기 위해, 보다 정의롭고 공정한 사회를 위해 우리는 어떻게 행동해야 할까요? 간단한 질문이지만 해결이 어려운 문제입니다. 《법 만드는 아이들》 속 이야기를 통해 진정한 민주주의와 법의 역할에 대해 많은 생각과 토론이 이루어지길 바랍니다.

박일환 전 대법관

○ ● ○

법이란 모든 국민이 지키기로 합의한 사회적 약속입니다. 이 약속을 지키는 것은 매우 중요하지만 법이 어떻게 만들어 지는지, 왜 중요한지에 대해서는 알려주지 않기 때문에 막연히 어렵고 무섭게만 느껴지기도 합니다. 스스로 법을 만들고 함께 협력하여 교실 안에서 발생하는 다양한 문제를 해결해 나가는 활명수 친구들의 좌충우돌 이야기를 통해 법이란 우리의 삶에서 만들어지는 사회적 약속이며, 활명수 교실의 주인이 활명수 아이들이듯 우리나라의 주인은 바로 나 자신이라는 사실을 알게 될 것입니다. 책을 덮을 때쯤에는 한 뼘 더 성장한 민주 국가의 주인이 되어 있겠지요?

EBS 한국사 대표 강사 최태성

○ ● ○

《세금 내는 아이들》도 참 재밌게 읽었는데, 《법 만드는 아이들》에서는 또 어떤 기발하고 놀라운 이야기들이 펼쳐질지 많은 기대가 됩니다. 아이들이 어려워하는 민주주의, 자유와 권리, 정치와 법 등을 이해하는데 이 책이 많은 도움이 될 것입니다. 교실 속 작은 민주 국가 이야기, '법 만드는 아이들'의 세상으로 함께 빠져 보시죠!

이상학 선생님, 《혼공하는 아이들》 저자

○ ● ○

처음에 '국회 본회의'라는 말을 들었을 때는 어색하게 느껴지고 '법을 만드는 건 국회의원만 하는 거 아닌가?'라는 생각이 가장 먼저 떠올랐습니다. 하지만 친구들과 법을 만들고 법의 제정, 개정, 폐지 등 다양한 용어를 경험을 통해 배움으로써 '우리도 우리 의견을 낼 수 있구나' 하는 생각을 하게 되었습니다. 선생님 감사합니다!

법 만드는 아이 방연주

○ ● ○

1년 동안 선생님과 함께 여러 가지 활동을 하면서 낯설었던 정치에 대해 정말 많은 것들을 알게 되었습니다. 법도 만들고 서로의 의견을 듣고 토론을 하며 정말 유익한 시간을 보냈습니다. 정치가 너무 어렵게 느껴지는 초등학생들이 이 책을 꼭 읽어 봤으면 좋겠습니다.

법 만드는 아이 오준호

○ ● ○

우리 반에서 직접 법을 만들고 고치고 없애니 무척 새로우면서 재미있었습니다. 학급화폐 활동을 통해 국회 본회의를 직접 하면서 우리나라의 국회가 어떻게 운영되는지에 대해 알게 되고 정치 문제에도 관심을 갖게 되었습니다. 제안한 법이 가결되면 뿌듯하고 부결되면 서운하기도 했지만 함께 논의하면서 친구들과 사이도 좋아졌습니다. 선생님을 만나 활동을 하며 많은 것들을 배웠습니다.

법 만드는 아이 조사빈

copyright ⓒ 2022, 옥효진
이 책은 한국경제신문 한경BP가 발행한 것으로
본사의 허락 없이 이 책의 일부 또는 전체를 복사하거나
전재하는 행위를 금합니다.

일러두기

본문의 법·정치 체계는 교육용으로 단순화한 활명수반의 자체 기준으로, 실제와는 다를 수 있습니다.

교실의 주인은 누구일까요?

우리나라의 주인은 누구일까요? 나라의 대표인 대통령일까요? 아니면 국회의원일까요?

정답은 바로 '국민'입니다. 대한민국의 주인은 대한민국의 국민이에요. 법 중에서 가장 기본이 되는 헌법에도 대한민국의 주권은 국민에게 있고, 대한민국의 모든 권력은 국민으로부터 나온다고 적혀 있죠. 이렇게 국민이 주인인 나라를 민주주의 국가라고 해요.

그렇다면 여러분이 학교생활을 하는 교실의 주인은 누구일까요? 교장 선생님이나 담임 선생님일까요?

아니에요. 교실의 주인은 바로 여러분이에요. 교실의 주인으로서 우리 반을 어떻게 이끌어 갈지 고민해 본 적이 있나요? 이 책의 이야기에 등장하는 활명수반 아이들은 스스로 법을 만들고, 그 법에 따라 교실 살림을 해 나가고 있답니다. 민주적으로 움직이는 활명수 교실의 주인으로서 말이죠.

선생님이 아니라 우리가 직접 이끌어 가는 교실의 모습은 어떨지 상상해 보세요. 이야기 속 수정이와 친구들이 겪는 사건들을 통해 나는 우리 교실의 주인으로서 어떤 일을 할 수 있을지 고민해 보는 건 어떨까요?

시우와 친구들의 학교생활을 소개한 《세금 내는 아이들》을 기억하나요? 《세금 내는 아이들》을 통해 어려웠던 경제·금융 개념들을 알아 간 것처럼, 《법 만드는 아이들》을 통해 법과 정치를 재미있게 알아 갔으면 좋겠습니다. 그리고 앞으로 진짜 대한민국의 주인으로서 우리나라를 더 살기 좋고 행복한 나라로 만들어 가길 바랍니다.

옥효진 선생님

차례

작가의 말: 교실의 주인은 누구일까요? — 005

○ 1장 ○
6학년 1반, 독립 국가를 선포하다!

○ 우리 반 대통령 선거 — 012
○ 활명수 나라의 살림꾼들 — 027
○ 지키지 못할 약속?! — 033

○ 2장 ○
법 만드는 아이들

○ 화장실도 못 간다는 게 말이 돼? — 046
○ 열세 살의 국회의원들 — 052
○ 제1차 활명수 국회 본회의 — 059

○ 3장 ○
활명수의, 활명수에 의한, 활명수를 위한!

○ 앞으로 체육은 일주일에 다섯 번입니다 — 072
○ 세금 낭비가 너무 심한 것 아닙니까? — 083
○ 활명수 세금 횡령 사건 — 094

4장
태양당 vs 함께당

- 무관심 속에 만들어진 법 — 108
- 두 편으로 갈라진 활명수 나라 — 117
- 반대를 위한 반대 — 124

5장
활명수 비상대책위원회

- 때를 놓친 법들 — 138
- 팥빙수 회동 — 146
- 다 함께 한 걸음씩 — 156

6장
더 살기 좋은 활명수를 위해서

- 새로운 국무총리 — 166
- 위기의 국민을 도와라! — 174
- 아쉬운 작별 — 184

우리 반 대통령 선거

"금수정, 안녕! 일찍 왔네?"

6학년이 된 첫날, 기정이가 자기 이름이 적힌 자리에 앉으면서 옆자리의 수정이에게 인사를 건넸다.

"담임 선생님이 어떤 분인지 궁금해서 참을 수가 있어야지! 나도 모르게 걸음이 빨라지더라고."

"얼마나 일찍 온 거야?"

"7시 30분."

"뭐라고?"

"그런데 선생님 아직 안 오셨어. 왜 이렇게 안 오시는 거야. 궁금해 죽겠는데!"

"한 시간이나 혼자 앉아서 기다렸단 말이야?"

기정이는 혀를 내둘렀다. 4학년 때 같은 반이어서 수정이가 궁금한 건 못 참는 성격이란 건 알고 있었지만, 이 정도일 줄은 몰랐다.

뒤이어 친구들이 줄줄이 등교해 자기 자리를 찾아가 앉았다. 조금 있으니 교실 앞문이 '드르륵' 소리를 내며 열렸다.

"여러분, 안녕?"

노란 안경을 쓴 선생님 한 분이 환한 미소를 지으며 교실로 들어섰다. 그 모습을 보자마자 수정이가 자리에서 벌떡 일어나더니 대뜸 물었다.

"선생님! 선생님이 우리 반 담임 선생님이세요?"

그러고는 기다렸다는 듯이 선생님에게 질문 세례를 퍼부었다. 기정이는 수정이의 질문들 덕분에 담임 선생님의 이름이 민정현이라는 것도, 이번에 무지개초등학교에 새로 부임했다는 것도 알게 됐다. 이유는 모르지만 나이는 비밀이었다.

"자, 먼저 온 친구들은 독서 활동을 하며 다른 친구들이 올 때까지 기다릴까요?"

아이들이 책을 읽는 동안 교실의 빈자리가 하나둘 채워졌다. 아침 활동 시간인 8시 40분이 되자 대부분의 아이가 등교를 마쳤다. 새 학년 첫날부터 지각을 하는 친구들도 있었다. 빈자리가 모두 채워진 걸 확인한 후, 선생님이 칠판에 무언가를 적기 시작했다.

> 은행원, 통계청장, 국세청장, 청소부, 신문 기자……

칠판을 이런 내용으로 가득 채운 선생님은 아이들에게로 돌아서더니 말했다.

"여러분이 칠판에 적힌 직업 중 하나를 선택해 일을 하면 한 달에 한 번씩 월급을 받게 될 거예요."

"선생님! 진짜 돈을 주시는 거예요?"

선생님 말씀이 끝나기 무섭게 수정이가 재빨리 손을 들고 질문했다. 선생님은 진짜 돈이 아니라 우리 반에서만 쓸 수 있는 '미소'라는 화폐이고, 매달 직업에 따른 월급을 받아 교실에서 자유롭게 사용할 수 있다고 했다.

"직업을 갖고, 월급을 받는다고? 이게 다 무슨 얘기야?"

기정이가 지원서를 눈으로 읽어 보며 중얼거렸다.

선생님은 한 가지 강조할 것이 생각난 듯 손가락을 '딱' 소리 나게 튕겼다.

"아 참, 직업 중에 대통령도 있어요. 우리 반 대통령 선거, 그러니까 반장 선거에 출마해 당선되는 사람이 대통령이랍니다."

대통령이라는 말에 아이들이 웅성대기 시작했다. 웅성거리는 목소리 사이에서 누군가가 질문을 했다.

"선생님, 우리 반이 나라도 아닌데 왜 대통령이 있어요?"

"좋은 질문이네요! 오늘부터 우리 6학년 1반은 하나의 나라예요. 그러니 우리 반에서 지켜야 하는 법도 있죠. 그리고 우리나라 살림은 대통령이 꾸려 갈 거예요. 당연히, 대통령을 돕는 국무총리와 부총리도 있고요."

"대통령이 우리 반 살림을 하면……, 선생님은요?"

수정이가 고개를 갸웃거리며 물었다.

"선생님도 여러분처럼 우리 반 법에 따라, 그리고 우리나라 대통령이 살림을 하는 데 따라 교실에서 생활해야죠. 수업은 물론 선생님이 하겠지만요."

이 대답을 듣고 당황한 것은 수정이만이 아니었다. 아이들 모두 지난 5년 동안 선생님이 이끄는 교실에 익숙해져 왔기 때문이다.

'대통령이라…….'

수정이는 선생님이 나눠 준 종이를 책상에 펼쳐 놓고 직업의 종류를 손가락으로 쭉 훑어봤다. 수정이의 손가락이 종이 아래쪽에 적힌 '대통령'이라는 글씨에서 멈췄다.

직업의 종류

직업	뽑는 인원	하는 일	월급	필요한 자격
…	…	…	…	…
대통령 (반장)	1	6학년 1반의 대표로서 6학년 1반을 이끌고, 6학년 1반과 6학년 1반 학생들을 위한 일을 한다.	180미소	6학년 1반 학생이라면 누구든 지원할 수 있다. 단, 대통령(반장) 선거에서 대통령(반장)으로 당선되어야 한다.
국무총리	1	6학년 1반의 대통령을 도와 6학년 1반의 살림을 한다.	180미소	대통령이 지목한 사람
부총리 (부반장)	2	6학년 1반의 대통령을 도와 6학년 1반의 살림을 한다.	180미소	대통령(반장) 선거에서 부총리(부반장)로 당선되어야 한다.

'대통령 금수정, 멋지겠는데?'

"너 정말 반장, 아니 대통령 선거에 나갈 거야?"

하굣길, 기정이가 핫도그를 한 입 베어 물며 수정이를 쳐다봤다.

"응, 멋지지 않아? 선생님도 대통령이 살림하는 대로 생활하

신다잖아. 대통령이 되면 우리 반에서 제일 높은 자리에 오르는 거라고. 꼭 한번 해 보고 싶어!"

수정이는 팔을 들어 이곳저곳을 가리키면서 사람들에게 지시를 내리는 듯한 손짓을 했다. 기정이는 그런 모습을 어이없다는 듯이 쳐다봤다.

갑자기 수정이가 기정이 쪽으로 몸을 돌리고는 물었다.

"아 참 기정아, 너 작년에 부반장 아니었어?"

"응, 맞아. 그런데 올해는 엄마가 반장 선거 나가지 말래."

"선거 나갈 때 어떤 걸 준비했어?"

"반장이 되면 이런저런 일들을 하겠다고 공약을 준비했지. 그리고 발표할 때 쓸 피켓도 만들었어."

기정이는 작년 기억을 떠올리면서 천천히 말했다.

"그래? 이번에 나 좀 도와줘. 나 선거 나가는 거 처음이거든."

"도와줄 수야 있지만……. 맨입으로?"

"맨입이라니! 네 손에 있는 핫도그 누가 샀더라?"

수정이가 의미심장한 미소를 지으며 기정이가 먹고 있는 핫도그를 가리켰다.

"와…… 세상에 공짜는 없다더니! 알았어, 도와줄게."

수정이가 손가락으로 하트 모양을 만들어 기정이 눈앞에 내밀고는 한쪽 눈을 찡긋했다. 기정이는 못 이기는 척 수정이를 도와주기로 했다.

"수정아, 넌 어떤 걸 선거 공약으로 할 거야?"

"그것까진 아직 생각 안 해 봤어. 지금부터 만들어야지! 대통령 선거까진 시간이 좀 남았잖아."

 6학년 1반의 대통령을 뽑는 선거 날. 대통령을 정하는 투표를 하기 전 6학년 1반의 나라 이름을 정하는 투표가 이루어졌다. 여러 개의 후보 중 태양이가 제안한 '활명수'가 6학년 1반의 나라 이름으로 정해졌다. 활명수는 '활기차고 명랑한 수다쟁이들'

을 줄인 말이다.

"자, 지금부터 활명수 나라의 대통령 선거를 시작하겠습니다. 먼저 활명수 대통령 후보자들의 발표를 들어 보겠습니다."

선생님의 진행으로 후보자들의 발표가 시작됐다. 기호 1번은 5학년 때 반장을 지낸 건혁이었다.

"안녕하세요. 저는 활명수 나라의 대통령 후보로 나온 기호 1번 고건혁입니다. 제가 활명수의 대통령이 된다면 세 가지를 약속드리겠습니다. 첫째, 점심시간을 영화 상영 시간으로 만들겠습니다. 매일 점심시간마다 재미있는 영화를 틀어 국민의 즐거움을 책임지겠습니다. 둘째, 서로를 돕는 우리 반으로 만들겠습니다. 대통령인 제가 솔선수범하여 어려운 일을 겪는 국민을 적극적으로 돕겠습니다. 셋째, 교실에 보드게임을 많이 준비해서 쉬는 시간이 지루하지 않게 하겠습니다. 감사합니다."

첫 번째 후보인 건혁이의 발표가 끝나자 친구들이 크게 손뼉을 쳤다. 이어서 다음 후보들이 차례차례 발표했다.

"제가 대통령이 된다면, 날마다 맨 마지막까지 남아 쓰레기통을 정리하겠습니다."

"제가 대통령이 되면, 우리 반 급식에 항상 고기가 나오게 하겠습니다. 그리고 매월 생일 파티를 하겠습니다!"

2번 후보 원이와 3번 후보 영진이의 발표까지 끝나고 드디어

기호 4번 수정이가 발표할 차례가 됐다. 수정이는 며칠 동안 달달 외운 발표를 시작했다.

"안녕하십니까. 기호 4번 금! 수! 정! 입니다. 저는 활명수의 대통령이 되기 위해 이 자리에 나왔습니다. 제가 대통령이 된다면 즐거운 교실을 만들겠습니다. 그러기 위해 쉬는 시간마다 영화를 상영하겠습니다. 그리고 또 한 달에 한 번 생일인 친구들을 주인공으로 해서 생일 파티를 하겠습니다."

"뭐야! 앞의 후보들이랑 똑같은 내용이잖아."

"우우우우!"

한쪽에서 야유가 터져 나왔다. 수정이는 예상치 못한 반응에 당황했다. 먼저 발표한 후보들의 공약을 베낀 것이 아니라 기정이와 매일 방과 후에 함께 고민하면서 정한 공약이었기 때문에 억울하기도 했다.

'이대로는 안 되겠는데. 어쩌지?'

초조해진 수정이는 이리저리 머리를 굴렸다. 그러다가 번뜩 떠오른 생각을 입 밖으로 내뱉었다.

"제가 대통령이 된다면, 두 달 동안은 월급을 받지 않고 일하겠습니다!"

후보자들이 발표를 모두 마친 뒤, 선생님이 아이들 앞에 섰다.

"자 여러분, 지금까지 네 후보님의 발표를 모두 들어 보았습니다. 후보들이 발표한 공약들을 잘 살펴보고 지킬 수 있는 공약인지, 우리 활명수 나라에 도움이 되는 공약인지 판단해 보시기 바랍니다. 이제 투표를 시작하겠습니다. 정말 우리 활명수를 1년 동안 잘 이끌 것으로 보이는 사람을 선택해서 여러분의 소중한 한 표를 행사해 주세요."

활명수의 모든 국민이 한 명씩 나와 투표를 하기 시작했다. 수정이는 두 손을 꼭 쥐고 제발 자신이 뽑히게 해 달라고 기도했다. 얼마나 긴장했는지 두 손이 땀에 축축하게 젖어 있었다.

"이기정, 너 나 뽑았지?"

수정이가 기정이의 옆구리를 쿡 찔렀다.

"선거의 4대 원칙 중 하나가 비밀 선거인 거 몰라?"

기정이가 손가락을 입으로 가져다 대며 '쉿' 하고 소리를 냈다.

"4대 원칙이 뭐야? 아, 몰라. 어쨌든 너 나 안 뽑았으면 배신이야, 배신!"

"선생님 말씀 못 들었어? 친하다고 뽑으면 그게 인기투표지 대통령 선거니? 나는 내 소중한 한 표로 우리 반을 위해 열심히 일할 사람을 뽑았어."

수정이는 기정이가 얄미웠지만, 틀린 말이 아니라 더는 대꾸하지 못했다.

곧이어 개표가 시작됐다.

"첫 번째 표는……, 노영진!"

한 명씩, 한 명씩 아이들이 투표한 사람의 이름이 불렸다. 개표는 빠르게 진행돼 어느덧 막바지에 접어들었다. 지금까지는 수정이와 건혁이가 일곱 표로 공동 1위였다. 개표를 맡은 일일 선거관리위원 세완이가 다음 표를 꺼내 큰 소리로 외쳤다.

"고건혁!"

"우와아아아!"

엎치락뒤치락하는 개표 결과에 활명수 국민은 흥미진진해하며 탄성을 내질렀다. 세완이가 또 한 표를 꺼내 들었다.

"금수정!"

"우와!"

또다시 탄성이 터져 나왔다. 세완이는 망설임 없이 다음 표를 꺼냈다.

"금수정!"

"수정아, 역전이야!"

수정이는 얼굴을 감싼 손가락 사이로 간신히 개표 장면을 바라보고 있었다. 세완이가 투표함에 다시 손을 집어 넣었다.

"그다음 표는……."

수정이의 심장이 터질 듯 쿵쾅거렸다. 심장 뛰는 소리가 바로 귀 옆에서 들리는 것 같았다.

"없습니다."

세완이가 투표함을 거꾸로 들어 남은 표가 없다는 것을 확인시켜 주었다.

"끝이야? 그럼 내가 대통령이 된 거야?"

수정이가 자리에서 벌떡 일어나 소리쳤다. 교실 뒤편에서 지켜보던 선생님이 앞쪽으로 걸어 나왔다.

"자, 올해 활명수 나라 대통령에는 아홉 표를 받은 금수정 후보가 당선되었습니다. 축하합니다."

선생님의 말씀을 듣고서야 수정이는 대통령이 됐다는 사실이 실감이 났다.

수정이는 교실 앞으로 나가 국민 앞에 섰다.

"여러분 감사합니다! 나라와 국민을 위해 봉사하는 대통령이 되겠습니다."

수정이는 자신을 뽑아 준 친구들에게 머리 숙여 인사했다. 친구들은 박수와 환호로 당선을 축하해 주었다.

활명수 나라의 살림꾼들

대통령으로서 해야 할 일을 논의하기 위해 수업이 끝난 후 교실에 남아 있던 수정이에게 선생님이 다시 한 번 축하의 말을 건넸다.

"금수정 대통령님, 축하해요. 대통령이 된 기분이 어때?"

"너무너무 좋아요! 저 정말 좋은 대통령이 되고 싶어요!"

수정이의 입꼬리가 저절로 올라갔다. 선생님은 그런 수정이의 모습을 흐뭇하게 바라봤다.

"수정이는 이제 활명수의 대통령이니까 우리 반의 대표라는 건 알지?"

"네!"

"이제 대통령으로서 우리 반 정부를 이끌어야 해."

"정부요? 정부가 뭐예요, 선생님?"

"음, 쉽게 말해서 우리 반 살림을 하는 곳이라고 생각하면 돼."

선생님은 수정이에게 정부에 대해 친절하게 설명했다.

"그리고 수정이가 정해야 할 게 있어."

"정해야 할 거요? 뭐예요?"

수정이는 대통령 선거로 모든 게 끝났다고 생각했는데 정해야 할 것이 있다니 무슨 말씀인가 싶었다.

"대통령과 함께 우리 활명수 나라의 살림을 할 사람을 정해야 해. 부총리 두 명은 부반장인 건혁이와 영진이가 하게 될 테니 국무총리 한 사람만 정해 주면 돼."

"국무…… 총리요?"

수정이가 생전 처음 들어 보는 단어에 당황한 것을 눈치챈 선생님이 미소를 지었다.

"학교를 하나의 나라라고 생각한다면, 대통령은 학교를 대표하는 전교 회장, 국무총리는 전교 회장을 돕는 전교 부회장, 부총리는 각 부서의 일을 맡아 하는 학생회의 부장이라고 생각하면 돼."

"아! 무슨 말씀인지 알겠어요. 그럼 대통령을 도와 함께 일할 국무총리를 제가 정하면 되는 거죠?"

"수정이 이해력이 좋은데?"

선생님이 눈을 찡긋하며 엄지손가락을 세웠다. 선생님의 칭찬에 수정이는 기분이 으쓱했지만, 곧 고민에 빠졌다.

'기정이로 해야 하나? 아, 기정이는 이번에 반장 선거도 안 나왔지. 엄마가 선거 나가지 말라고 하셨다는데, 억지로 나랏일을 맡기는 건 내 욕심이겠지…….'

"바로 정하기 힘들면 오늘 하루 더 생각해 볼래? 국무총리 이름은 내일 아침에 발표하기로 하자."

수정이가 고민하는 듯하자 선생님이 생각할 시간을 주며 어깨를 토닥였다. 수정이는 내일까지 국무총리를 정해서 국민에게 알리기로 하고 교실을 나섰다.

다음 날 아침, 수정이는 활명수 국민 앞에 섰다.

"국민 여러분, 안녕하십니까. 활명수 대통령입니다. 오늘은 저와 함께 나라 살림을 이끌어 갈 국무총리를 발표하기 위해 나왔습니다."

이보다 앞서 선생님에게 국무총리에 대한 설명을 들은 활명수 국민은 누구의 이름이 불릴까 궁금해하며 수정이의 입에 집중했다.

"기정이 아닐까?"

기정이가 대통령 선거 때 많은 도움을 줬다는 사실을 알고 있는 친구들은 이렇게 소근거렸다.

"나는 대통령 선거에 나왔던 이원일 것 같은데? 걔만 떨어졌잖아."

활명수 국민은 저마다 누가 국무총리가 될지 예상하느라 바빴다. 오직 한 사람, 기정이만 의미심장한 미소를 지으며 가만히 앉아 있었다. 학교 오는 길에 수정이에게서 누구로 정했는지 이미 이야기를 들은 것이다. 활명수 국민의 눈과 귀가 수정이에게 집중됐다.

"국민 여러분, 활명수의 국무총리는······."

수정이가 잠시 뜸을 들였다.

"활명수 정부의 국무총리는 민정현 님입니다."

"뭐라고?"

여기저기서 놀란 탄성이 터져 나왔다. 민정현은 바로 담임 선생님의 이름이기 때문이다.

"선생님이 국무총리예요?"

"대박인데?"

아이들의 시선이 교실 뒤에 서서 수정이의 발표를 지켜보고 있던 선생님에게로 향했다. 선생님도 놀란 듯 두 눈이 동그래져 있었다.

"푸하하하하하!"

이내 선생님은 크게 웃음을 터뜨렸다.

"전혀 예상하지 못한 사람이 지명됐는걸?"

선생님이 수정이를 바라보며 씨익 미소를 지었다.

"국무총리는 대통령을 도와서 나라 살림을 하는 사람이라고 하셨잖아요. 선생님이 우리 활명수를 운영하는 데 가장 큰 도움이 될 것 같아요. 잘 부탁드려요, 선생님!"

수정이가 애교 가득한 목소리로 말하며 손가락으로 하트를 만들어 보였다.

"국민 여러분, 활명수의 국무총리를 맡게 된 민정현입니다. 살기 좋은 활명수 나라가 되도록 대통령님을 도와 열심히 일하겠습니다."

교실 앞으로 나와 지명 소감을 발표한 선생님이 고개를 숙여 인사했다.

"와아아아아!"

활명수 국민의 박수 소리가 교실을 가득 채웠다.

지키지 못할 약속?!

　수업이 끝난 교실에 활명수 정부의 구성원인 대통령과 국무총리 그리고 부총리 두 명이 동그랗게 앉아 있었다.
　"헤헤, 선생님이 국무총리에 딱일 것 같았어요. 잘 부탁드려요. 부총리님들도 잘 부탁드리고요."
　선생님은 수정이의 말에 미소로 답하고는 오늘 모인 이유에 대해 말했다.
　"앞으로 이렇게 네 사람이 모여서 국무회의를 할 거예요."
　"선생님, 국무회의는 또 뭐예요?"
　호기심 대장 수정이의 궁금증이 또 발동했다.
　"국무회의는 우리나라 살림에 대해 대통령과 국무총리 등 정부 구성원이 모여서 의논하는 회의를 말해요. 활명수의 정부 구성원은 우리 네 명이니 우리가 모이면 국무회의가 되겠죠?"

세 친구는 선생님의 설명에 고개를 끄덕였다. 그냥 반장, 부반장으로서 모여 이야기하는 것보다 나라의 대통령, 부총리라는 직함으로 회의에 참석하니 책임감이 더 커지는 것 같았다.

"앞으로는 대통령님이 국무회의를 진행하셔야 하지만 오늘은 첫 번째 회의이니 국무총리인 제가 회의 진행을 맡겠습니다. 활명수 나라의 첫 번째 국무회의에서는 무슨 이야기를 하면 좋을까요?"

세 친구 모두 아직은 회의에 익숙하지 않은 터라 좀처럼 주제를 생각해 내지 못했다.

"다른 의견이 없으시면 국민에게 세금을 얼마나 걷을지 이야기해 보는 건 어떨까요?"

국무총리인 선생님이 회의 주제를 제안했다.

"세금이요?"

"네. 우리 활명수 나라의 살림을 위해서는 돈이 필요해요. 바로, 세금이죠. 국민에게 세금을 걷어야 하는데 얼마나 걷을지 미리 정해 두는 게 좋을 것 같아요."

"선생님, 아니 국무총리님. 그럼 세금을 얼마나 걷을지도 저희가 정하는 건가요?"

영진이가 질문했다. 수정이도 그 질문을 하려고 막 입을 떼려던 참이었다.

"당연하죠. 나라 살림을 할 때는 돈이 필요하니 얼마나 걷을지도 정부에서 정해야죠. 오늘은 이 주제로 이야기해 볼까요?"

지금까지 한마디도 하지 않던 건혁이가 펜을 꺼내 무언가 적기 시작했다. 세 사람은 잠시 말을 멈추고 건혁이가 무엇을 하는지 지켜봤다. 잠시 뒤 건혁이가 고개를 들고 말했다.

"제가 통계청장인 세정이 옆자리인데요. 통계청장이 하는 일을 며칠 동안 지켜본 걸 떠올려서 세금이 쓰이는 곳을 적어 봤어요. 여길 한번 봐 주세요."

건혁이가 내민 종이에는 다음과 같은 내용이 적혀 있었다.

> 음식물 쓰레기 처리 비용 100g당 1미소
>
> 쓰레기 봉투 1개 100미소
>
> 분필 1통 80미소
>
> 보드마커 1통 100미소
>
> …

"계산해 보니 한 달에 600미소 정도의 세금은 항상 쓰게 될 것 같아요. 그럼 그 정도 세금을 걷으면 되지 않을까요?"

"우리 반이 스물일곱 명이니까 20미소 정도씩 걷으면 되겠

제1회 활명수 국무회의

네요!"

수정이가 재빨리 암산을 했다.

"그런데 딱 쓸 만큼만 걷었다가 급하게 세금을 써야 할 곳이 생기면 어떻게 하죠? 조금 넉넉하게 걷는 게 좋지 않을까요?"

수정이가 생각지 못한 부분을 영진이가 콕 집어냈다.

"그리고 월급을 적게 받는 사람이나 많이 받는 사람이나 똑같이 20미소를 세금으로 내면 월급을 적게 받는 사람은 힘들 것 같습니다."

영진이가 계속해서 생각해야 할 것들을 짚어 주었다. 수정이와 건혁이도 열심히 자기 의견을 더했다. 세 친구는 어느새 국무회의에 집중하여 세금을 주제로 열띤 토의를 하고 있었다.

"자 그럼, 세금은 월급 100미소당 15미소, 다시 말해 15퍼센트를 걷는 것으로 하는 게 어떨까요?"

국무회의를 시작한 지도 어느 정도의 시간이 지나 이제는 세금을 얼마나 걷을지 결론이 나는 듯했다.

"네, 좋습니다. 15퍼센트로 하면 900미소 정도의 세금이 걷히는데, 그 정도면 한 달 나라 살림을 할 수 있을 것 같습니다. 갑자기 써야 할 일이 생겨도 문제가 없을 것 같고요."

계산이 빠른 수정이가 공책에 여러 번 계산을 해 보고는 이야기했다.

"그 정도 세금을 걷으면 대통령님께서 공약하신 점심시간에 영화를 상영하는 비용과 생일 파티에 필요한 과자들도 무리 없이 구매할 수 있을 것 같습니다."

국무총리인 선생님도 수정이의 말에 고개를 끄덕였다.

"네, 저도 그렇게 생각합니다."

부총리인 건혁이와 영진이도 동의했다. 세금을 걷는 비율인 세율을 정한 뒤 국무회의가 마무리될 듯 보였다. 그때, 선생님이 무언가 떠오른 듯 손뼉을 딱 쳤다.

"아 참, 나라를 위해 일하는 공무원인 여러분의 월급도 세금으로 지급해야 해요. 미리 이야기한다는 걸 깜빡했네요."

"공무원 월급이 얼마였죠?"

월급 액수가 기억나지 않는 듯 수정이가 친구들을 둘러보며 물었다.

"180미소예요. 공무원이 총 네 명이니까 720미소가 더 필요해요. 세율을 더 올려야겠는걸요?"

건혁이가 재빨리 암산을 마쳤다.

"그런데 대통령님은 두 달간 월급을 받지 않고 일하겠다고 하셨잖아요."

수정이가 급하게 내뱉은 공약을 영진이가 기억하고 있었다.

"아, 그게 그러니까……."

그 공약을 지금까지 까맣게 잊고 있었던 수정이가 당황하며 말끝을 흐렸다.

"혹시, 지키지도 않을 공약을 하신 건 아니죠?"

두 부총리가 눈을 가늘게 뜨며 대통령을 의심의 눈초리로 바라보았다.

"다……, 당연히 지킬 겁니다! 두 달은 월급을 받지 않고 일할 거예요."

수정이는 자기 입을 한 대 쥐어박고 싶은 심정이었지만 국민 앞에서 한 공약을 어길 수는 없었다.

"대통령님이 받지 않으시면 저도 받지 않을게요. 부총리 두 분은 어떻게 하시겠어요?"

선생님은 수정이와 함께 월급을 받지 않겠다고 말했다. 그러고는 영진이와 건혁이의 의견을 물었다. 영진이와 건혁이는 잠시 서로 눈길을 주고받더니 이구동성으로 대답했다.

"저는 받을래요."

선생님은 알겠다는 듯 고개를 끄덕였다.

"그럼 360미소의 세금이 더 필요하니까 세금은 100미소당 20미소. 즉, 20퍼센트가 되겠네요. 이렇게 정하는 것에 다들 동의하시나요?"

"네! 동의합니다."

활명수
활기차고 명랑한 수다쟁이들

화폐단위	미소
인구	27명
대통령	금수정
국무총리	민정현 선생님
부총리	고건혁, 노영진
영토	무지개초등학교 6학년 1반 교실과 교실 앞 복도

활명수 헌법

제1조
- **제1항** 활명수 나라는 민주적인 국가이다.
- **제2항** 활명수의 주권은 국민에게 있고, 모든 권력은 국민으로부터 나온다.

제11조 국민의 의무
- **제1항** 모든 활명수 국민은 세금 납부의 의무가 있다.
- **제2항** 모든 국민은 무지개초등학교에서 정한 수업 시간을 지켜 교육을 받아야 한다.
- **제3항** 모든 국민은 교실 환경을 깨끗하게 유지하기 위해 힘써야 한다.

활 명 수 정 치 상 식 한 스 푼

궁금증 하나 — 나라의 주인은 누구일까요?

우리가 살고 있는 대한민국의 주인은 국민입니다. 모든 국민이 나라의 주인으로서 권리를 갖고, 그 권리를 자유롭고 평등하게 행사하죠. 이런 정치 형태를 '민주주의'라고 해요. 미국의 제16대 대통령이었던 에이브러햄 링컨이 말한 '국민의, 국민에 의한, 국민을 위한 정치'가 민주주의를 가장 잘 나타내는 말이라고 할 수 있습니다.

궁금증 둘 — 선거의 4대 원칙이 무엇인가요?

대통령이나 국회의원을 뽑는 선거에 투표를 할 때는 지켜야 할 네 가지 원칙이 있어요. 공정하고 민주적인 선거를 위해 꼭 지켜야 하는 원칙이죠.

1. **보통 선거**: 사회적 신분·소득·인종·성별·교육 수준 등과 상관없이 만 18세 이상의 대한민국 국민이라면 누구나 선거에 참여할 수 있어요.
2. **평등 선거**: 선거에 참여하는 모든 사람이 평등하게 1표씩 선거권을 가지는 것을 뜻해요.
3. **직접 선거**: 선거권을 가진 사람이 직접 투표소에 가서 투표해야 한다는 원칙

이에요. 아무리 친한 사이나 가족이라도 다른 사람이 대신 투표를 해 줄 수는 없어요.
4. **비밀 선거:** 투표자의 결정을 다른 사람이 알지 못하게 비밀을 보장한다는 원칙이에요. 누가 누굴 뽑았는지 알 수 없도록 투표용지에 투표하는 사람의 이름을 기록하지 않죠.

> **궁금증 셋**
> 정부는 어떤 일을 하나요?

정부는 한 나라의 살림을 맡아서 하는 기관을 뜻해요. 각 나라는 하나씩의 정부를 가지고 있어요. 우리나라 정부는 대통령을 중심으로 대통령을 도와 나라 살림을 하는 국무총리, 그리고 각각 맡은 바 일을 하는 행정 각부로 구성됩니다.

- **대통령:** 정부의 최고 책임자로, 나라를 지키고 국민을 보호하는 역할을 해요. 우리나라를 대표해서 다른 나라의 대표를 만나고, 외국과 조약을 체결합니다. 국가의 중요한 일을 결정하는 자리죠. 그리고 우리나라 군대의 최고 책임자로서 국군을 지휘합니다.
- **국무총리:** 대통령을 도와 행정 각부를 거느리고 관할하는 역할을 합니다. 대통령이 외국을 방문하거나 다른 이유로 일을 하지 못할 때는 대통령의 일을 대신 맡아서 하게 되지요.
- **행정 각부:** 여러 부서가 일을 나누어 맡고 있어요. 기획재정부는 국가 발전 계획을 세우고, 우리나라의 경제·예산·세금 등과 관련된 일을 하는 정부 기관이에요. 교육부는 우리나라 교육에 대한 일을 하고, 외교부는 다른 나라와 협력을 위해 노력하죠. 통일부는 통일, 남북 관계, 통일 교육에 관한 일을 해요. 국방부는 우리나라를 지키는 일이나 군사와 관련된 일을 하는 곳이에요. 이외에도 다양한 정부 기관이 우리나라를 위해 열심히 일하고 있어요.

활명수 정부에서 세율을 정한 다음 날 아침, 신문 기자인 세아가 교실 게시판에 이런 제목의 기사를 게시판에 붙였다.

> 활명수 정부, 소득세율 20퍼센트로 결정

게시판 앞에서는 몇몇 아이가 모여 신문 기사의 내용에 관해 이야기를 나누고 있었다.

"너무 많이 걷는 거 아니야?"

"그래도 생일 파티나 영화 상영처럼 우리한테 혜택이 돌아오니까 난 괜찮은 것 같아."

"그래. 쓰레기봉투도 사야 하고 휴지나 물티슈도 필요한데,

세금이 모자라면 안 되잖아."

"나는 조금만 더 적게 걷었으면 좋겠는데……."

"대통령님은 공약을 지켰네? 두 달동안 진짜 월급을 안 받고 일한대."

수정이와 건혁이, 영진이는 먼발치에서 아이들이 소득세율에 어떻게 반응하는지 지켜보고 있었다. 세금을 너무 많이 걷는다는 국민도 있었고 적당하다고 생각하는 국민도 있었다. 물론, 세율이 정해졌다는 신문 기사에 아무런 관심이 없는 국민도 보였다.

"자, 1교시 수업 시작할게요."

수업 시작을 알리는 종이 울리자 아이들은 각자 자리로 돌아가 수학책을 꺼냈다. 수정이도 얼른 제자리로 가 수업을 준비했다.

"선생님, 저 화장실 좀 다녀올게요!"

수업이 막바지에 이르렀을 때, 수학 문제를 푸느라 조용하던 교실의 정적이 깨졌다. 기정이의 목소리였다. 모든 시선이 기정이에게 향했다.

"어? 기정아, 지금 화장실에 가는 건 활명수 법을 어기는 행동이에요.

"네? 그런 법이 어디에 있어요?"

"제18조 제6항에 보면 수업 시간에는 화장실에 갈 수 없다고 되어 있거든요."

아이들은 새 학기 첫날 선생님이 나눠 주었던 활명수 법을 꺼내 살펴봤다. 거기에는 선명한 글씨로 이런 내용이 적혀 있었다.

제18조 제6항 수업 시간에는 화장실에 갈 수 없다.

"그럼 어떻게 해요? 저 지금 진짜 급한데요. 쉬는 시간 얼마 안 남았으니까 얼른 다녀오면 안 될까요?"

"미안해요. 아무리 선생님이라도 활명수 법에 따라 행동해야 해요. 곧 있으면 쉬는 시간이니까 조금만 참아 줘요."

활명수 국민의 시선이 국무총리인 선생님과 기정이를 번갈아 향했다.

"국무총리님! 제가 대통령의 권한으로 기정이 화장실 보내 주겠습니다."

안절부절못하는 기정이의 모습을 보던 수정이가 기정이를 돕기 위해 나섰다. 모든 국민의 시선이 이번에는 대통령인 수정이를 향했다.

"미안해요, 대통령님. 그럴 순 없어요. 아무리 대통령이라도 법을 어겨선 안 돼요."

그때 1교시 수업 종료를 알리는 종소리가 들렸다. 얼굴이 하얗게 질려 가던 기정이는 종소리가 들리자마자 쏜살같이 화장실로 향했다.

"이건 말도 안 되는 거 아니야?"
화장실을 다녀온 기정이가 인상을 찌푸리며 수정이에게 다가왔다.
"화장실에 가고 싶으면 당연히 갈 수 있어야 하는 거 아니야? 나 진짜 급했다고!"
"너 얼굴만 봐도 그래 보이더라."
수정이는 기정이의 안절부절못하던 모습이 떠올라 피식 웃었다.
"수정아, 네가 대통령이니까 법을 바꿔 봐!"
"내가…… 바꿀 수 있는 건가?"
"대통령이 나라에서 제일 높은 사람이니까 법도 바꿀 수 있는 거 아니야?"
"그런가?"
수정이는 기정이의 말처럼 대통령이면 나라의 법도 마음대로 바꿀 수 있는 것인지 궁금해졌다. 그때 부총리 건혁이가 불쑥 나타났다.

"대통령이라도 법을 바꿀 수는 없을 걸?"

"맞아, 대통령이 왕은 아니잖아."

또 한 명의 부총리 영진이도 건혁이와 함께 나타났다.

"부총리 두 분 말이 맞아요. 법은 대통령이나 정부에서 바꾸는 게 아니라 국회에서 국회의원들이 바꾸는 거예요."

건혁이와 영진이의 머리 위에서 선생님의 목소리가 들렸다. 모두 고개를 들어 선생님을 바라봤다.

"국회의원이요? 활명수 나라의 국회의원은 누구인데요?"

"활명수에서는 정부 구성원을 제외하고 모두가 국회의원이죠."

"그럼 저도 국회의원인 거예요?"

기정이가 자기를 가리키며 놀라는 표정을 지었다.

"네 맞아요. 기정이도 활명수 국회의원이에요."

"이상하다. 국회의원은 선거로 뽑는 거 아닌가요? 뉴스에서 국회의원 선거를 한다는 이야기를 들었던 것 같은데요?"

수정이의 궁금증이 다시 발동했다.

"맞아요. 원래는 국민이 모두 모여 법에 대해 의견을 나누어야 하지만 5,000만 명이 넘는 사람이 매번 모두 모이긴 힘들겠죠? 그래서 국민을 대표해서 법을 만들 수 있는 국회의원을 선거로 뽑는 거예요. 하지만 활명수는 모든 국민이 모여 회의를 할 수 있으니까 굳이 국회의원을 선거로 뽑지 않아도 되겠죠?"

"그럼 기정아! 네가 법을 바꾸면 되겠다."

그렇게 말하던 수정이는 뭔가 생각난 듯 선생님 쪽으로 몸을 돌리며 말했다.

"그런데 선생님, 1교시 마치고 회의 있어서 바쁘다고 하지 않으셨어요?"

매일 바쁘게 돌아다니는 선생님이 왜 아직 교실에 있는지 갑자기 궁금해진 것이다.

"맞아요. 금수정 대통령님, 오늘 1교시 마치고 쉬는 시간에 잠시 활명수 국무회의 있다고 말씀드렸죠?"

"아차!"

열세 살의 국회의원들

 점심시간, 밥을 다 먹은 기정이는 교실 한쪽에 놓여 있던 '활명수 법 제안서'를 한 장 가지고 자리에 앉았다.
 "기정아, 수업 시간에 화장실 못 가는 법 바꾸려고?"
 "응. 내가 국회의원이니까 법을 만들 수 있는 거잖아? 수업 시간이라고 화장실에 못 가는 건 말이 안 되는 것 같아."
 기정이는 자신의 경험을 떠올리며 법 제안서의 내용을 한 글자 한 글자 적어 나갔다. 수정이는 기정이가 적어 가는 내용을 옆에서 지켜봤다.

이런 법을 제안합니다

- 활명수 나라의 문제 상황: 수업 중 갑자기 화장실에 가고 싶을 때 갈 수가 없다.
- 법을 (제정 / 개정 / 폐지)하고 싶습니다.
- 법 조항: 제18조 제6항 수업 시간에는 화장실에 갈 수 없다.
- 제안하는 내용: 지금 활명수 법 제18조 제6항에는 수업 시간에 화장실에 갈 수 없다는 내용이 있습니다. 하지만 배탈이 나거나 물을 많이 마시면 수업 중 갑자기 화장실에 가고 싶어질 수 있습니다. 그래서 수업 시간이더라도 화장실에 가고 싶을 때는 갈 수 있도록 법을 바꾸고 싶습니다.

"기정아. 폐지라는 단어가 '없앤다'라는 뜻인 건 알겠는데, 제정과 개정은 무슨 말이야?"

"그러게. 이게 무슨 뜻이지?"

갑자기 낯선 단어가 나오자 기정이의 연필이 멈춰 섰다. 그때 옆에서 익숙한 목소리가 들렸다.

"제정은 새로 만든다는 뜻이야. 새로운 법을 제작해서 정한다고 생각하면 돼. 그리고 개정은 원래 있던 걸 고친다는 뜻이야."

목소리의 주인공은 이번 활명수 대통령 선거에 나왔던 원이였다.

"그럼, 화장실을 못 간다는 법을 고치는 거니까 개정에 동그라미 치면 되겠네. 고마워, 원아."

기정이가 '개정'이라는 단어에 동그라미를 치고는 원이를 향해 엄지를 치켜들어 고마움을 표시했다.

"넌 기정이 자리에 웬일이냐?"

수정이는 원이가 마음에 들지 않았다. 대통령 선거에서 수정이가 당선된 이후 원이가 자기를 까칠하게 대했기 때문이다. 수정이는 낙선한 원이가 자신을 탐탁지 않게 여긴다고 생각했다.

"기정이가 제안하는 법에 나도 동의한다고 서명해 주러 온 거야. 너 보러 온 거 아니니까 신경 쓰지 마."

"무슨 서명?"

수정이는 원이가 마음에 들지 않았지만 궁금함을 참지 못하고 물었다. 하지만 원이는 수정이의 말에 대꾸하지 않았다. 기정이가 완성한 법 제안서에 무언가를 적고, 수정이를 한번 흘겨보고는 쌩하니 자기 자리로 돌아갔다.

"아휴, 까칠하긴. 쟤는 왜 저러는 거야?"

수정이가 입을 삐죽 내밀었다.

"원이가 뭐라고 적었어?"

"법을 제안하려면 다른 국회의원 다섯 명의 동의가 필요하대. 원이가 내 얘길 듣고 동의한다는 서명을 해 주기로 한 거야."

기정이가 내민 종이의 아래쪽에는 원이의 서명이 되어 있었다.

"이제 네 명한테만 더 서명을 받으면 돼!"

"오, 좋은 제안인데? 오늘 1교시에 보니까 기정이 너 얼굴이 정말 하얗게 질렸더라. 사실 나도 화장실 간다고 말하려고 했었는데 말이야."

기정이는 교실에 남아 책을 읽고 있던 연두에게 서명을 받으러 갔다. 연두는 별다른 고민 없이 법 제안서에 자신의 이름을 적었다.

"이제 세 명 남았다! 금방 받겠는걸?"

법이 어떻게 만들어지는지 궁금했던 수정이는 기정이를 따라다녔다. 다섯 명의 서명은 금방 받을 수 있을 것 같았다.

"남세완 의원님, 서명 좀 해 주세요."

"나는 동의하지 않아. 쉬는 시간에 충분히 다녀올 수 있잖아. 그리고 수업하기 싫어서 화장실에 가는 아이들이 생길 수도 있어."

기정이가 제안한 법에 동의하지 않는 아이들도 있었다. 하지만 대부분의 국회의원은 기정이의 법에 찬성하는 분위기였다. 어렵지 않게 네 명의 서명을 받은 기정이는 마지막 서명을 해 줄 사람을 찾아 교실 안을 두리번거렸다. 그때 운동장에서 캐치볼을 하고 땀을 뻘뻘 흘리며 들어오는 시우가 보였다.

"주시우 의원님! 수업 중 화장실 사용에 관한 법에 동의 서명해 줄 수 있어요?"

"수업 중 화장실 사용에 관한 법? 헤헤 좋아. 수업 시간에 화장실을 갈 수 있으면 쉬는 시간이나 점심시간에 조금 더 놀 수 있잖아."

며칠 뒤 수업이 모두 끝난 오후 시간, 수정이는 활명수 국무회의에 참석하기 위해 교실에 남아 있었다.

"오늘은 법 제안을 하기 위해서 모였습니다."

국무총리인 선생님이 오늘 회의를 하는 이유를 말하자 수정이, 건혁이, 영진이는 깜짝 놀랐다.

"법을 바꾸는 일은 국회에서 하는 거 아니에요?"

"맞아요. 정부 구성원인 우리는 국회의원이 아니라서 법 제안서에 동의 서명도 못 하는걸요?"

수정이는 대통령도 법에 따라 나라 살림을 해야 한다고 하시더니 선생님이라서 마음대로 하시는 건가 하는 생각이 들었다.

"맞아요. 여러분 말대로 법을 새로 만들지 바꿀지에 대한 결정은 국회가 해요. 하지만 정부에서 법을 제안할 수는 있어요.

물론 국회에서 통과가 되어야겠지만요."

"그럼 저희도 법을 제안할 수 있는 거예요?"

"네, 맞아요. 그동안 활명수 나라에 필요하다고 생각한 법이 있다면 오늘 의견을 모아서 정부의 이름으로 국회에 법 제안을 해 보려고 해요."

활명수의 대통령, 국무총리, 부총리들은 머리를 맞대고 제안할 법을 의논하기 시작했다.

제1차 활명수 국회 본회의

　며칠이 지난 어느 날, 활명수 나라가 분주해졌다. 국회의원들이 모여 제안한 법에 관해 이야기하는 '활명수 국회 본회의'가 처음으로 열리는 날이었기 때문이다. 약속된 시간이 되자 회의가 시작됐다.

　"국회의원 스물네 명 중 결석 한 명을 제외한 스물세 명이 참석하였기에 지금부터 제1차 활명수 국회 본회의를 시작하겠습니다."

　국회의장으로서 본회의 진행을 맡은 시원이가 '땅! 땅! 땅!' 소리가 나게 의사봉을 세 번 두드렸다.

　"오늘 제안된 법안은 총 다섯 개입니다. 먼저, 이기정 의원님이 제안하신 '수업 중 화장실 사용에 관한 법'에 대한 발표를 들어 보겠습니다."

그동안 학급회의를 많이 해 봤지만 '국회 본회의'라는 이름으로 진행되는 첫 회의라 그런지 아이들의 얼굴에는 긴장한 기색이 역력했다. 처음으로 발표를 하게 된 기정이도 살짝 긴장했다.

"안녕하십니까? 활명수 국회의원 이기정입니다. 저는 오늘 '수업 중 화장실 사용에 관한 법'을 제안하려고 합니다."

기정이의 인사에 친구들이 손뼉을 쳤다. 기정이는 준비해 온 발표문을 읽어 나갔다.

"얼마 전 수업 시간에 갑자기 화장실이 급해져서 가려고 했지만 '수업 시간에는 화장실에 가지 못한다'라는 법 조항이 있어서 쉬는 시간이 될 때까지 참아야 했습니다. 저처럼 힘든 상황을 겪는 사람이 생기지 않도록 활명수 법 제18조 제6항을 '화장실은 언제든 이용할 수 있다'라는 내용으로 고칠 것을 제안합니다."

기정이의 제안을 들은 몇몇 친구가 고개를 끄덕였다. 옆에 앉은 친구와 기정이의 제안에 관해 이야기를 나누는 아이들도 보였다.

"제가 이 법을 제안하는 이유는 첫째, 화장실에 가고 싶은 것은 생리 현상이기 때문입니다. 화장실은 언제 가고 싶어질지 모릅니다. 수업 시간이 40분이나 되기 때문에 갑자기 화장실에 가고 싶을 때는 참기 어렵습니다. 둘째, 용변을 참으면 건강에 좋지 않습니다. 소변을 오래 참으면 방광염에 걸릴 수도 있습니다."

기정이는 자신이 제안한 법을 뒷받침할 수 있는 근거들을 이야기해 나갔다. 대부분의 아이가 기정이의 의견에 동의하는 것처럼 보였다. 잠시 뒤 기정이의 발표가 끝났다.

"이상으로 발표를 마치겠습니다."

"이기정 의원님이 제안하신 '수업 중 화장실 사용에 관한 법'과 관련하여 의견이 있는 분은 발표해 주시기 바랍니다."

몇몇 친구가 손을 들었다.

"저는 이기정 의원님의 의견에 찬성합니다. 배탈이 나거나 물을 많이 마시면 화장실을 자주 가야 하는데 수업 시간에 가지 못하게 되어 있는 법 때문에 계속 참고 있으면 수업에도 집중하기가 힘듭니다."

"또 다른 의견이 있는 분 계십니까?"

"저는 수업 중에는 화장실을 사용하지 못한다는 법을 그대로 두는 것이 좋다고 생각합니다. 수업 중에 화장실을 다녀오는 사람이 많아지면 수업 분위기가 안 좋아집니다. 그뿐만이 아니라 수업을 듣기 싫어 화장실에 가는 친구들도 생길 수 있습니다."

기정이의 법 제안서에 서명을 하지 않았던 세완이는 여전히 생각이 바뀌지 않은 듯했다.

"저도 남세완 의원님의 의견에 동의합니다. 화장실은 쉬는 시간에 충분히 다녀올 수 있다고 생각합니다. 쉬는 시간에는 실컷 놀다가 수업 종이 울리면 화장실에 가는 친구들이 가끔 있습니다."

"저는 수업 시간에도 화장실에 갈 수 있어야 한다고 생각합니다. 화장실을 자유롭게 가는 것은 인간이라면 당연히 가져야 할 인권과도 관련이 있다고 생각합니다."

국회의원들이 저마다 자기 생각을 이야기했다. 수정이는 기정이의 발표에 도움을 주고 싶었다. 하지만 아쉽게도 국회의원이 아니라 회의에서 의견을 발표할 수 없었다.

"의견은 충분히 나누었으니 이제 표결에 들어가겠습니다."

어느 정도 의견 발표가 마무리되자 국회의장 시원이가 다음 단계인 표결을 진행했다. 먼저 찬성하는 국회의원들이 손을 들었다.

"하나, 둘, 셋……."

수정이는 속으로 손 든 사람의 수를 세었다. 꽤 많은 사람이 손을 들었다. 다음으로 반대하는 국회의원들도 손을 들어 의견을 나타냈다.

"찬성 열일곱 명, 반대 세 명, 기권 세 명으로 '수업 중 화장실 사용에 관한 법'은 참가 인원의 과반수가 찬성하였으므로 가결됐습니다."

국회의장 시원이가 의사봉을 세 번 두드렸다.

"국회의장님, 가결이 뭐예요?"

수정이가 손을 들고 물었다.

"가결은 제안한 의견이 옳다고 결정하는 것을 말해요. 반대로 부결은 의견을 받아들이지 않는다는 것을 의미하고요."

선생님이 국회의장 시원이 대신 수정이의 질문에 대답했다.

"가결…… 부결……?"

수정이는 아직도 헷갈리는 표정이었다.

"가결은 의견 통과! 부결은 의견 탈락이라고 하면 이해가 더 쉬울까요?"

"그럼 가결은 통과가 됐다는 이야기니까 이제 수업 시간에도 화장실에 갈 수 있는 거네요?"

이제야 가결의 뜻을 이해한 수정이가 손뼉을 쳤다. 수정이 말고도 가결과 부결의 뜻을 처음 알게 된 친구들이 많았다.

본회의는 계속해서 진행됐다. 두 번째로 논의할 법은 하진이가 제안한 '복도 과속 금지 법'이었다. 복도를 이용할 때는 뛰어다녀서는 안 된다는 법에 열아홉 명의 국회의원이 동의해 가결됐다. 여섯 명만 동의해서 통과되지 못하고 부결된 '샤프 사용 금지 법'과 같은 법도 있었다. 수정이를 비롯한 정부에서 제안한 직업 활동과 수업 중에는 서로 존댓말을 사용해야 한

다는 '존댓말 사용법'도 가결됐다.

"이것으로 제1차 활명수 국회 본회의를 마치겠습니다."

국회의장 시원이가 마지막으로 의사봉을 세 번 두드렸다. 성공적으로 마무리된 첫 국회 본회의에 활명수 국민은 모두 뿌듯함을 느끼며 한마음으로 손뼉을 쳤다.

수업을 모두 마친 뒤 국회의장인 시원이가 수정이에게 다가왔다. 수정이가 먼저 축하의 말을 건넸다.

"시원아, 너 오늘 진짜 회의 진행 잘하더라. 멋졌어!"

"고마워. 대통령님께 이거 주려고 왔어요."

시원이가 수정이에게 손에 들고 있던 종이 뭉치를 내밀었다.

"이게 뭐야?"

종이 뭉치를 받는 수정이의 눈이 동그래졌다.

"오늘 국회 본회의에서 가결된 법들이야."

"이걸 왜 나한테 줘?"

"국회에서 가결된 법은 대통령이 공포하게 되어 있어."

"공포? 대통령이 공포영화를 본다고? 갑자기?"

난데없이 공포영화라니, 무슨 말인가 싶었다.

"공포영화의 공포를 말하는 게 아니야. 대통령이 국회에서 통과된 법을 확인하고 사람들에게 알리는 거라고 생각하면 돼."

"아, 그렇구나. 알겠어, 고마워!"

수정이는 시원이에게 받은 법안들을 살펴봤다. 회의에서 통과된 '수업 중 화장실 사용에 관한 법', '복도 과속 금지 법', '존댓말 사용 법'의 내용이 적혀 있었다.

'국회에서 통과된 걸 대통령이 확인하고 알리는 거구나.'

수정이는 대통령이라는 자리가 생각보다 큰 책임감이 필요하다는 걸 다시금 느꼈다. 그리고 통과된 법들의 내용을 다시 한 번 꼼꼼히 살피기 시작했다.

제1차 활명수 국회 본회의 결과

가결

제18조 수업 중 화장실 사용에 관한 법
(발의자: 이기정 의원)

~~제6항 수업 시간에는 화장실에 갈 수 없다.~~
→ 제6항 화장실은 언제든 이용할 수 있다.

가결

복도 과속 금지 법
(발의자: 도하진 의원)

제1항 복도에서는 우측통행을 한다.
제2항 복도에서는 뛰지 않고 걸어 다닌다.

가결

존댓말 사용 법
(발의자: 활명수 정부)

제1항 직업 활동을 할 때는 서로 존댓말을 사용한다.
제2항 수업 중에는 서로 존댓말을 사용한다.

 활 명 수 정 치 상 식 한 스 푼

궁금증 하나 　　　　　　　법은 왜 필요한가요?

법은 사회 구성원들이 지켜야 하는 규칙이자 기준이에요. 우리가 안전하고 편안한 생활을 할 수 있는 이유는 법이 우리를 보호해 주기 때문이지요. 법이 잘 지켜져야 사회가 정의롭고 안정된답니다. 만약 법이 없다면, 권력이나 돈을 가진 사람이 더 많은 것을 누리기 위해 힘없는 사람의 자유와 권리를 빼앗을 때 이를 막을 방법이 없을 거예요. 사람들 간에 다툼이 생겼을 때 힘이 약한 사람은 질 수밖에 없고, 사회 구성원 간 신뢰가 사라져 사회가 혼란스러워지겠죠.

법은 모든 국민의 자유와 권리를 보호하고, 사람들 간에 발생하는 다툼을 공평하게 해결함으로써 정의로운 사회를 만드는 역할을 해요.

궁금증 둘 　　　　　　　국회는 어떤 일을 하나요?

국회의원은 국민들이 선거를 통해 뽑은 국민의 대표자입니다. 국가의 모든 일에 국민이 직접 참여하여 결정하기 어렵기 때문에 국회의원이 대신 나서서 국민의 의견이 국가 운영에 반영될 수 있도록 일을 하죠.

국회의원들이 모여 나라를 위한 다양한 일을 하는 곳을 국회라고 합니다. 국회가 하는 일 중 가장 중요한 일은 바로 법을 만드는 입법 활동입니다. 법을 만들고, 고치거나 없애는 일이죠. 국민의 안전하고 평안한 생활을 위해 법을 만들기 때문에 국회의 책임은 매우 크지요.

국회는 대통령과 정부가 일을 잘하는지 감시하는 역할도 해요. 매년 정해진 기간에 국정감사를 열어 정부의 각 부처가 국민을 위해 일을 잘했는지 확인합니다. 잘못한 일이 있다면, 고쳐서 제대로 일하라고 요구하기도 하지요.

또 국회는 나라의 살림을 결정하는 일도 해요. 나라 살림에 쓸 한 해 예산이 적절한지 확인하고, 돈을 어디에 얼마나 사용할지 정해요. 그리고 계획대로 돈을 잘 사용했는지 확인하는 역할도 하죠.

궁금증 셋: 법은 어떻게 만들어지나요?

먼저, 국회의원 또는 정부에서 새로운 법이나 고칠 법을 제안합니다. 이렇게 제안된 법에 대해 정해진 여러 절차를 거치며 내용이 적합한지 등을 점검해요. 문제가 없다고 판단된 법안은 '국회 본회의'로 넘어갑니다. 국회 본회의에서는 국회의원들이 모여 제안된 법을 살펴보고 의견을 나눠요. 그리고 투표를 통해 다수결의 원칙에 따라 법을 통과시킬 것인지 말 것인지를 결정하죠. 전체 국회의원 중 2분의 1 이상이 본회의에 참석하고, 참석한 국회의원 중 2분의 1 이상이 찬성하면 '가결'이 된답니다. 만약 찬성한 사람이 부족하면 '부결'이 돼요. '가결'은 법안이 통과됐다는 뜻이고, '부결'은 통과되지 못했다는 뜻이죠. 가결된 법은 대통령의 손으로 넘어가요. 대통령이 새 법을 국민에게 공포하면 20일 후부터 시행이 되지요. 여기서 '공포'는 널리 알린다는 뜻이에요.

"찬성! 찬성! 나는 완전 찬성이야!"

해가 길어지고 아이들이 입은 옷도 얇아질 즈음, 활명수 나라가 소란스러워졌다. 기정이가 발의한 한 가지 법안 때문이다.

"일주일에 체육을 다섯 번 한다니 생각만 해도 좋지 않냐?"

"우리 반에는 체육을 좋아하는 아이들이 많으니까 국회 본회의에서도 당연히 통과되겠지?"

"이제 매일 체육 하겠다!"

'1일 1체육 법'이라는 이름으로 기정이가 제안한 법에 대한 소문이 삽시간에 반 전체로 퍼져 나갔다. 아이들은 매일 체육을 하게 될 거란 생각에 들떠 있었다.

"기정아, 어떻게 이런 생각을 다 했어? 난 무조건 찬성이야."

체육을 좋아하는 아이들이 기정이를 둘러싸고는 법 제안서에 앞다퉈 동의 서명을 했다. 친구들의 뜨거운 반응에 기정이는 으쓱해졌다.

'1일 1체육 법.'

어제 기정이에게 새로 제안할 법에 대한 이야기를 들은 수정이는 교실 한쪽에서 기정이 자리 쪽을 바라보고 있었다. 그런 수정이 귀에 주변에 있는 친구들의 이야기가 들렸다.

"체육이라면 질색인데……."

"나도 그래. 그런데 저렇게 좋아하는 애들이 많으니 법이 만들어지겠는데?"

"너무 싫다. 하루에 한 번씩 체육이라니."

대부분의 아이가 새로 제안되는 법을 반겼지만 그러지 않는 아이들도 있었다.

"얘들아, 너희는 하루에 한 번 체육 하는 게 싫은 거지?"

"당연하지!"

수정이의 질문에 친구들이 두말하면 입 아프다는 듯 고개를 끄덕였다.

"나는 차라리 미술을 더 했으면 좋겠어."

"날씨도 더워지는데 매일 체육 하면 땀 때문에 엄청 찝찝할 것 같아."

"맞아. 그리고 체육 시간이 늘어나면 다른 수업 시간이 줄어드는데, 그럼 그 과목들은 어떻게 해?"

1일 1체육 법을 반기지 않는 친구들이 저마다 한마디씩 보탰다. 수정이는 친구들의 이야기를 듣고 머릿속이 복잡해졌다.

'체육 시간이 늘어나는 게 좋기만 한 걸까?'

"그럼 '1일 1체육 법'에 대한 표결을 진행하겠습니다."

며칠 뒤 활명수 국회 본회의 시간, 기정이가 제안한 1일 1체

육 법에 대한 발표와 토의가 끝나고 표결이 시작됐다.

"1일 1체육 법에 찬성하시는 분들은 손을 들어 주시기 바랍니다."

국회의장의 말이 끝나기도 전에 교실 여기저기서 아이들이 손을 들었다.

"1일 1체육 법에 반대하시는 분들은 손을 들어 주시기 바랍니다."

곧이어 반대하는 아이들도 손을 들었다. 국회의장 시원이는 손가락으로 짚어 가며 손 든 사람의 숫자를 세었다.

"찬성 열네 명, 반대 아홉 명, 기권 한 명으로 1일 1체육 법은 가결됐습니다."

국회의장의 의사봉이 '땅! 땅! 땅!' 소리를 냈다. 법을 제안한 기정이는 기쁜 듯 손뼉을 쳤다. 하지만 반대에 손을 들었던 아이들은 서로를 바라보며 인상을 찌푸렸다.

"매일 체육이다!"

교실은 1일 1체육 법을 찬성한 아이들의 환호성으로 가득 찼다. 수정이는 극과 극인 친구들의 반응을 살펴보다가 문득 선생님의 반응도 궁금해져서 선생님 쪽을 쳐다봤다. 하지만 선생님의 표정은 평소와 똑같이 평온하기만 했다.

수업이 끝난 뒤 수정이는 교실에 남아 생각에 잠겼다. 수정이의 손에는 오늘 국회 본회의에서 통과된 법이 적힌 종이가 들려 있었다. 대통령인 수정이가 공포하면 일주일 뒤부터 활명수 나라에 적용되는 법들이다.

"금수정! 집에 안 가?"

부총리인 건혁이와 영진이가 수정이에게 다가왔다.

"부총리님들! 두 분은 1일 1체육 법 어떻게 생각해요?"

수정이의 질문에 두 친구는 의자를 가지고 와서 수정이 책상 주변에 둘러앉았다.

"국회의원이 아니라서 손은 못 들었지만, 나라면 반대했을 거야."

건혁이가 메고 있던 가방을 내려놓으며 먼저 말문을 열었다.

"나도 체육을 좋아하긴 하지만 이건 아닌 것 같아. 우리는 학생이니까 해야 할 수업들이 많잖아. 체육만 매일 하면 다른 수업 진도는 어떻게 해?"

"그런데 얘들아, 선생님 표정 봤어? 나는 선생님이 무척 당황하실 줄 알았는데 아무렇지 않아 하시던데?"

"영진이 너도 봤구나? 나도 봤어! 선생님은 별로 걱정이 안 되시나 봐. 선생님도 체육을 좋아하셔서 그런가?"

"그런가……?"

수정이는 국회의원들이 자신들에게 유리한 대로만 법을 만들까 봐 걱정이 됐다. 대통령인 자신은 법에서 정한 대로 나라 살림을 해야 하기 때문이다. 하지만 지금과 같은 상황이라면 수정이가 할 수 있는 일은 없어 보였다.

"법이 가결됐으니 어쩌겠어. 국회 본회의에서 정해진 대로 공포해야지, 뭐."

"정해진 대로 공포해야 하는 거면 왜 굳이 대통령한테 하라고 하는 거지? 그냥 국회의장이 해도 될 텐데."

영진이가 오늘 가결된 법안들을 한 장씩 넘겨 봤다. 법안을 확인했다고 대통령의 이름을 적는 칸이 보였다. 그때 수정이의 머릿속에 한 가지 생각이 번뜩였다.

"얘들아, 대통령이 법안을 공포하지 않으면 어떻게 되는 거지?"

그때 교실 문이 드르륵 열리면서 선생님이 나타났다. 수정이는 기다렸다는 듯 질문 세례를 퍼부었다.

"선생님, 국회에서 통과된 법은 무조건 공포해야 하는 건가요? 공포하지 않으면 어떻게 돼요?"

수정이는 긴장한 채로 집을 나섰다. 국회에서 통과된 1일 1체육 법을 공포하지 않기로 마음먹었기 때문이다. 선생님은 국회에서 통과된 법을 대통령이 거부할 수 있고 이것을 '대통령 거부권'이라고 한다고 설명해 주셨다. 활명수 나라와 국민의 원활한 학교생활을 위해 수정이가 대통령으로서 내린 결정이었다. 하지만 마음에 걸리는 것도 있었다.

 '기정이가 제안한 법인데, 실망하려나…….'

 수정이는 기정이에게 어떻게 설명해야 할지 고민하며 교실 문을 열었다. 교실은 웅성대는 소리로 소란스러웠다.

 "수정아, 1일 1체육 법을 법으로 만들 수 없대!"

 먼저 등교한 기정이가 다가오면서 말했다. 수정이는 '내가 대통령 거부권을 쓰기로 한 사실이 벌써 소문났구나' 하고 생각했다.

 "기정아, 미안해. 사실은…….."

 "위헌이래!"

 기정이의 입에서 수정이가 난생처음 들어 보는 낯선 단어가 튀어나왔다. 수정이는 하려던 말을 멈췄다.

 "위헌이라고? 그게 뭐야?"

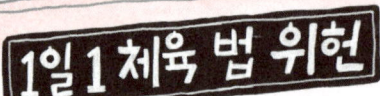

1일 1체육 법 위헌

1일 1체육 법은 활명수 헌법 제11조 제2항 '모든 국민은 무지개초등학교에서 정한 수업 시간을 지켜 교육을 받아야 한다'를 어기는 법이기 때문에 제정할 수 없습니다.

〈활명수 헌법 재판소〉

"내가 제안한 1일 1체육 법은 헌법을 어긴 법이래."

"헌법이라고? 그건 또 뭐야?"

갑자기 어려운 말들이 쏟아지자 수정이는 머리를 감싸 쥐었다. 때마침 선생님이 교실 문을 열고 나타났다.

"선생님! 헌법이 뭐예요? 위헌은 또 무슨 뜻이고요? 그럼 1일 1체육 법은 어떻게 되는 거예요?"

궁금한 건 참지 않는 수정이가 선생님에게 다가가 질문을 쏟아 냈다.

"수정이가 궁금한 게 많은가 보구나. 음, 먼저 헌법은 법 중에서 가장 기본이 되는 법이야. 활명수 나라를 운영하는 데 가장 기본이 되는 규칙을 적어 둔 법이지."

"법 중에 제일 높은 법이라는 거죠?"

수정이 옆에서 듣고 있던 기정이가 말했다.

"그렇다고 볼 수 있지. 따라서 헌법을 어기는 법은 만들 수가 없어. 헌법을 어겼다는 걸 어려운 말로 '위헌'이라고 하는 거고."

"그럼 국회에서도 헌법을 어기는 법은 만들 수 없는 거네요?"

수정이가 이해했다는 듯 주먹으로 손바닥을 탁 쳤다.

"그렇지. 국회에서 가결이 됐어도 헌법을 어긴 법이라면, 다시 말해서 '위헌'이라면 그 법은 무효가 되는 거야."

"매일 체육 할 생각에 신났었는데……."

기정이는 아쉬운 듯 입술을 삐죽 내밀었다. 그 모습을 보면서 수정이는 기정이에게 미안한 이야기를 하지 않아도 된다는 생각에 속으로 안도의 한숨을 내쉬었다.

세금 낭비가 너무 심한 것 아닙니까?

"이거 정말 큰일이네."

"그러게……. 어떻게 해야 하지?"

국무회의에 참석한 수정, 건혁, 영진이의 표정이 어두워졌다. 국무총리인 선생님과 세 친구가 둘러앉은 책상 위에는 국세청장 세정이가 관리하는 활명수 나라의 세금 장부가 놓여 있었다. 국민에게 얼마의 세금을 걷었고, 얼마의 세금을 어디에 어떻게 썼는지 확인할 수 있는 장부였다.

"세금이 300미소밖에 없어."

영진이가 세금 장부에 적힌 잔액을 가리켰다.

"세금을 언제 이만큼이나 쓴 거지? 다음 세금을 걷을 때까지 시간도 많이 남았는데."

수정이가 머리를 감싸 쥐었다.

"요즘 활명수 나라에 필요한 물건들이 많았잖아. 물티슈도 많이 구매했고, 망가진 시계도 바꾸고 말이야. 그래서 그런가 봐."

건혁이가 장부를 훑어보며 세금이 어디에 쓰였는지 확인했다.

"이대로는 안 돼. 얼마 안 가 나라 살림을 해 나갈 돈이 부족해질 거야. 세금을 더 걷어야 하는 거 아닐까?"

"세금을 더 걷는다고?"

"돈이 부족하면 더 걷으면 되잖아."

영진이가 아이디어를 냈다. 하지만 수정이는 섣불리 동의할 수가 없었다. 이미 세금을 많이 내고 있다는 볼멘소리가 여기저기서 들려왔기 때문이다.

"세금을 더 걷으면 국민이 불만을 갖지 않을까?"

"그래도 방법이 없어. 영진이 말대로 하는 수밖에."

건혁이가 영진이의 말에 힘을 보탰다. 수정이도 마땅히 다른 대안이 떠오르지 않았다.

"그럼 얼마나 더 걷어야 할까?"

"지금 100미소당 20미소의 세금을 걷고 있으니까 100미소당 30미소의 세금을 내도록 바꿔야 할 것 같아."

영진이는 계산기를 몇 번 두드리더니 20퍼센트인 소득세율을 30퍼센트로 올려야 한다고 이야기했다.

"하긴 세금이 부족하면 활명수 나라를 운영할 수가 없으니까……. 국무총리님은 어떻게 생각하세요?"

수정이는 선생님이라면 더 좋은 생각이 있지 않을까 싶어 선생님을 쳐다봤다.

"여러분 생각이 그렇다면 저도 동의해요."

선생님은 국무회의에 참석해도 별다른 의견을 내지 않았다. 오늘도 묵묵히 듣고만 있던 선생님은 회의하느라 고생이 많다며 세 친구에게 과자가 가득 담긴 봉지를 내밀었다.

며칠 뒤 활명수의 대통령과 부총리들은 발표 준비에 정신이 없었다. 국무회의에서 의논한 대로 세금을 더 걷게 됐다는 사실을 발표하기 위해서였다.

"준비 다 됐어?"

"당연하지!"

건혁이가 발표할 때 필요한 자료를 수정이에게 건네주었다. 수정이는 건혁이에게 받은 종이를 눈으로 쭉 훑어봤다. 지금까지 사용한 세금과 앞으로 사용할 세금 내역이 빼곡히 적혀 있었다.

"안녕하세요. 활명수 대통령 금수정입니다. 오늘은 세금과 관련한 이야기를 하기 위해 여러분 앞에 섰습니다."

아이들의 시선이 수정이에게 집중됐다.

"활명수의 소득세율을 20퍼센트에서 30퍼센트로 인상하려 합니다."

그 말에 교실이 웅성거리기 시작했다. 한 아이가 손을 번쩍 들고는 큰 소리로 물었다.

"대체 왜 30퍼센트로 올린다는 겁니까?"

"현재 활명수 나라에 세금이 부족합니다. 이대로라면 이번 달 음식물 쓰레기 처리 비용이나 휴지, 분필 같은 물건을 더는 구매할 수가 없습니다."

"이미 세금을 많이 내고 있어서 힘든데 더 걷으면 큰 부담이 됩니다."

"맞습니다. 세금을 너무 많이 걷습니다."

세금을 더 많이 내야 한다는 이야기에 국회의원들의 반발이 거셌다. 친구들의 이야기를 듣고 있던 국회의원 원이가 조용히 자리에서 일어났다.

"그동안 세금을 어떻게 썼는지 보여 주시기 바랍니다. 나라 살림을 하기에 충분한 세금이 있었던 것 같은데 왜 이렇게 부족해진 건지 알고 싶습니다."

원이는 대통령 수정이에게 그동안의 세금 사용 내역을 보여 달라고 요청했다. 수정이는 건혁이와 영진이를 향해 고개를 끄덕였다. 부총리인 건혁이와 영진이는 재빨리 미리 준비해 두었던 자료를 꺼내 국회의원들에게 나누어 주었다.

"방금 나누어 드린 종이에 그동안 활명수의 세금을 어떻게 사용했는지가 나와 있습니다."

아이들은 복사된 종이를 한 장씩 받았고, 내용을 꼼꼼히 살펴봤다.

"표에 나와 있는 것처럼 그동안 분필 구입, 쓰레기 종량제 봉투, 시계 교체 등에 많은 돈을 썼습니다. 예상했던 것보다 들어가는 돈이 많아서 세금이 부족해졌습니다."

구체적인 자료로 확인시켜 주자 일부는 세금을 올려야 한다는 사실을 인정했다. 하지만 여전히 세금을 많이 쓴 것에 불만을 갖는 아이들도 있었다.

"각자 미니 빗자루를 가지고 있는데 교실에 빗자루를 왜 이렇게 많이 구매한 겁니까?"

"종이도 이면지를 활용하면 이만큼 구입하지 않았어도 될 것 같습니다."

"세금 낭비가 너무 심한 거 아닙니까?"

국회의원들은 정부를 향해 세금을 아낄 수 있는 부분들이 있었다면서 구체적인 사례를 들어 비판했다.

"죄송합니다. 이면지는 생각하지 못했습니다. 앞으로는 이면지를 써서 세금을 조금 더 아끼겠습니다."

수정이는 국회의원들의 말 중 미처 생각지 못한 부분들이 있어 진땀을 뺐다. 그리고 결국 세금 지출을 줄이는 대신 세금은 30퍼센트가 아니라 25퍼센트로 인상하기로 했다.

회의가 마무리되어 갈 때 원이가 조용히 손을 들었다.

"그런데 이건 무엇인가요?"

원이는 종이를 들고 손가락으로 표의 한 부분을 가리켰다. 모든 사람의 시선이 원이의 손끝을 향했다.

"제가 기억하기로 우리 교실에는 처음부터 지구본이 있었습니다. 그런데 세금을 사용한 내용을 보면 지구본을 새로 구입하는 데 300미소를 썼다고 적혀 있습니다. 이게 대체 어떻게 된 거죠?"

"정말 어떻게 된 일이지?"

방과 후, 교실에서 수정이가 세금 장부를 뚫어지라 쳐다보며 혼잣말을 했다. 건혁이와 영진이도 영문을 모르겠다는 표정으로 앉아 있었다. 건혁이가 곰곰이 생각하더니 입을 열었다.

"원이 말이 맞아. 내 기억에도 지구본은 6학년 올라올 때부터 사물함 위에 있었어."

"맞아. 나도 쉬는 시간에 지구본으로 나라 찾기를 한 적이 있어. 게다가 우리 교실에 있는 지구본은 새로 산 게 아니야. 오래돼서 엄청 낡았다고."

건혁이의 말에 영진이도 맞장구를 쳤다.

"그런데 지구본을 4월 28일에 샀다고 되어 있는걸?"

수정이가 지구본을 구입한 날짜가 정확하게 적힌 세금 장부를 두 친구에게 보여 줬다. 분명히 처음부터 교실에 있었던 지구본인데 대체 왜 4월에 세금으로 샀다고 적혀 있는지 알 수가 없었다. 지구본 사건은 점점 더 미궁으로 빠져들었다.

"국세청장인 세정이는 뭐래?"

"세정이도 어떻게 된 건지 모르겠대……. 자기는 늘 하던 대로 세금 지출을 기록했다고 하던데?"

건혁이의 질문에 세정이에게 세금 장부를 받아 온 수정이가 대답했다.

"세정이가 모른다고? 그게 말이 돼? 세금을 어디에 썼는지는 세정이가 기록하는 거잖아."

"혹시 세정이가 세금을 다른 데 쓴 거 아닐까?"

세금 장부는 오로지 세정이만 기록한다는 사실 때문에 수정이와 건혁이는 세정이를 의심했다.

"얘들아, 그런데 이거 좀 이상하지 않아?"

영진이가 세금 장부를 얼굴 가까이 가져가서 실눈을 뜨고 자세히 봤다.

"당연히 이상하지! 지구본을 산 적이 없는데 지구본을 샀다고 적혀 있잖아."

답답함에 수정이의 목소리가 커졌다.

"아니, 그거 말고 여길 보라고. 세금 장부는 세정이만 기록하는 거잖아. 그런데 '지구본'이라고 쓴 글씨체가 조금 달라."

"뭐라고?"

수정이와 건혁이가 그 말을 확인하기 위해 영진이 옆으로 바짝 다가갔다.

"여길 봐. 다른 곳에 적힌 비읍이랑 '지구본'에 적힌 비읍. 글씨체가 다르잖아."

영진이의 말은 사실이었다. 세정이의 글씨체를 흉내 냈지만 지구본의 비읍(ㅂ)은 장부의 다른 비읍과 분명히 차이가 있었다.

"정말이네? 그럼 누군가가 세금을 멋대로 사용한 거란 말이야? 그걸 감추기 위해 장부에 지구본을 샀다고 몰래 적어 놓은 거고?"

세 친구는 놀란 듯 서로를 쳐다봤다.

활명수 세금 횡령 사건

"원희도 아니네……."

누군가가 세금 장부를 조작했다는 사실을 알게 된 이후 수정이의 신경은 온통 반 친구들의 글씨체로 향해 있었다. 활명수 정부는 이 일을 '지구본 사건'이라고 불렀다. 하지만 장부의 비읍과 같은 글씨체를 아직 찾지 못했다.

"수정아, 뭘 그렇게 뚫어지게 보고 있어?"

벽에 걸린 친구들의 작품 속 글씨를 살펴보고 있는 수정이에게 기정이가 다가왔다. 수정이는 글씨체를 비교하느라 손에 들고 있던 종이를 재빨리 주머니에 넣었다.

"애들 글씨를 좀 보느라고……."

수정이가 의자에 털썩 앉았다.

"애들 글씨는 왜?"

"아, 아무것도 아니야."

수정이는 범인을 찾을 때까지는 아무에게도 이야기하지 않기로 건혁, 영진이와 약속한 것이 떠올라 말을 얼버무렸다. 다행스럽게도 때마침 수업 시작을 알리는 종소리가 울렸다.

"여러분, 수업 시작합시다."

선생님이 손뼉을 두 번 치며 자리에서 일어났다. 아이들은 부스럭거리며 국어 교과서를 꺼냈다.

"오늘은 주장하는 글을 쓰는 법을 알아볼 거예요."

"선생님, 국어 말고 체육 하면 안 돼요?"

수업을 하기 싫었던 몇몇 아이가 칭얼댔다.

"활명수 헌법을 어긴 법이라서 1일 1체육 법은 무효가 됐죠? 선생님은 법대로 수업을 해야 해요."

선생님은 단호하게 고개를 가로저었다. 그러고는 오늘 배울 단원의 제목과 학습 문제를 칠판에 적어 나갔다.

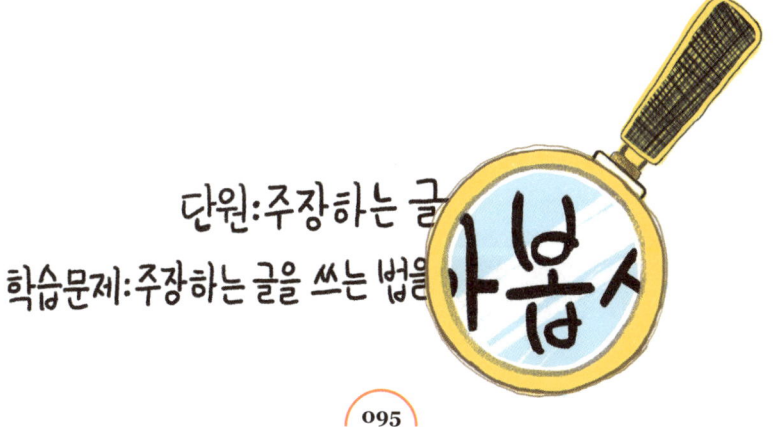

단원: 주장하는 글
학습문제: 주장하는 글을 쓰는 법을 알아봅시다

'어?'

수정이의 눈이 동그래졌다. 건혁이와 영진이 쪽으로 고개를 돌리자 두 친구도 놀란 눈으로 수정이를 쳐다보고 있었다.

국어 수업이 끝난 뒤 수정이와 건혁이, 영진이가 아무도 없는 복도 끝에 모였다.

"범인은 선생님이야!"

세 친구는 누가 먼저랄 것도 없이 한목소리를 냈다.

"너희도 봤지?"

"응, 분명히 봤어."

"선생님이 칠판에 적은 글씨체가 지구본의 글씨체와 똑같았어!"

수정이가 주머니 속에 넣어 두었던 종이를 꺼내 친구들 앞으로 내밀었다.

"와…… 선생님이 범인일 거라곤 상상도 못 했어."

건혁이가 충격이 가시지 않는다는 듯 이야기했다.

"그런데 대체 왜?"

수정이도 놀라긴 마찬가지였다. 하지만 궁금하기도 했다. 대체 왜 선생님이 이런 일을 벌인 것일까?

"이제 어떻게 해야 하지?"

범인은 찾았지만 이제 어떻게 해야 할지 방법이 떠오르지 않았다.

"우리끼리 이야기한다고 답이 나오진 않아. 선생님이 범인이라는 게 확실하다면 사실대로 알려야 해."

"맞아. 국회의원들이 대체 이게 어떻게 된 일이냐고 물었을 때 정부에서 제대로 대답을 하지 못했잖아. 지금이라도 사실대로 이야기해야 해."

건혁이와 영진이 모두 사실대로 알려야 한다고 주장했다. 하지만 수정이는 망설여졌다. 정부에서 세금 관리를 제대로 하지 못했다는 것을 인정하기가 부담스러웠기 때문이다. 게다가 이 문제를 처음 제기한 것이 자신에게 까칠하게 굴던 원이였다는 점도 수정이를 망설이게 했다.

"사실대로 이야기하면 정부가 비난받지 않을까?"

"비난은 받겠지만 잘못한 건 인정하고 사과해야 해."

건혁이는 단호했다.

"금수정 대통령님. 다시 생각해 보세요."

영진이도 고개를 세차게 끄덕이며 말했다.

수정이는 잠시 흔들리던 마음을 다잡았다.

"그래, 사실대로 이야기하자."

다음 날 아침, 활명수 나라는 난리가 났다. '지구본 사건'의 범인이 활명수 나라의 국무총리인 담임 선생님이라는 사실이 알려졌기 때문이다. 아이들은 선생님에게 질문 세례를 퍼부었다.

"선생님, 대체 왜 사지도 않은 지구본을 샀다고 장부에 적으신 거예요?"

"300미소는 어디에 쓰신 거예요?"

활명수의 신문 기자 세아가 들고 있던 볼펜을 마치 마이크처럼 선생님 앞에 내밀었다. 하지만 선생님은 천연덕스러운 얼굴로 아이들의 질문에 대답했다.

"300미소로는 과자를 사 먹었어요. 그 사실을 숨기기 위해서 지구본을 샀다고 적어 두었습니다."

세아는 선생님의 발언 한마디, 한마디를 수첩에 열심히 받아 적었다. 수정이는 문득 국무회의 때 선생님이 주셔서 먹었던 과자가 떠올랐다. 어쩐지 월급을 받지 않은 선생님이 활명수마트에서 파는 과자를 갖고 계시다는 게 이상했었다. 수정이는 공범이 된 것 같아 가슴이 콩닥거렸다.

"대체 왜 세금을 선생님 마음대로 쓰시는 겁니까? 이건 횡령입니다, 횡령!"

월급 확인과 예·적금 상품을 관리하는 활명수 은행원 세완이가 선생님에게 항의했다.

"그래요, 횡령입니다! 그런데…… 횡령이 뭐야?"

열심히 맞장구를 치던 복도 청소부 시우가 옆에 앉은 친구에게 물었다.

"미안, 내가 시우 넌 못 알아들을 말을 썼네. 나라의 세금 같은 공공의 돈을 자기 마음대로 가져가 쓰는 걸 말해."

세완이가 잘난 척을 하며 단어의 뜻을 설명했다. 시우는 기분이 팍 상해서 세완이를 흘겨봤다. 어쨌든 그 덕에 활명수반의 대부분 아이도 '횡령'이라는 단어가 무슨 뜻인지 알게 됐다.

"그래요! 횡령을 하시면 어떻게 합니까!"

"세금을 내 마음대로 쓰면 안 되나요? 나는 활명수의 국무총리인데요?"

선생님은 사과는커녕 계속해서 뻔뻔하게 나왔다.

"아무리 선생님이고 국무총리라도 세금을 마음대로 쓰면 안 되죠! 대통령이라도 안 돼요!"

"맞아요!"

뻔뻔한 모습에 더 흥분한 아이들은 선생님을 향해 쏘아붙였다. '지구본 사건'을 발견한 원이가 일어나며 이야기했다.

"세금은 활명수 나라를 위한 곳에 쓰여야죠. 예를 들면 분필을 산다든가 국민에게 필요한 휴지나 손 소독제를 사는 데 말이에요. 그리고 세금을 다른 데 썼다고 거짓으로 적는 건 잘못된 겁니다."

원이의 똑 부러지는 말에 여기저기서 박수 소리가 터져 나왔다. 원이의 말을 가만히 듣고 있던 선생님이 갑자기 씨익 미소를 지었다.

"원이 말이 맞아요. 세금은 활명수 나라를 위해 쓰는 거지, 개인 마음대로 쓰면 안 되죠."

"그런데 왜 그러셨어요?"

기정이가 물었다. 수정이도 궁금해서 묻고 싶었지만 세금으로 산 과자를 먹었다는 생각에 차마 입을 열 수 없었다.

"잠시만요."

기정이의 질문에 선생님이 허리를 숙여 교탁 아래서 무언가를 꺼내 들었다.

"어?"

선생님이 꺼낸 것은 새 지구본이었다.

"지구본이잖아? 선생님, 어떻게 된 거예요?"

"여러분이 힘들게 벌어서 낸 세금이 활명수 나라를 위해 쓰

이고 있는지 잘 확인했으면 하는 마음에 선생님이 꾸민 일이에요. 사실 300미소로 진짜 지구본을 샀답니다."

"그럼 과자는요?"

수정이가 놀라 물었다.

"세금으로 과자를 사진 않았어요. 진짜 지구본을 사고 여러분의 반응이 궁금해서 잠시 숨겨 두었어요. 우리 반 지구본이 너무 낡았더라고요."

"선생님! 놀랐잖아요!"

아이들은 허탈한 표정으로 투덜댔다.

"여러분이 세금이 어디에 어떻게 쓰여야 하는지 잘 알고 있는 것 같아서 안심이에요. 앞으로도 세금이 활명수 나라를 운영하는 데 잘 쓰이고 있는지 관심을 가져 주세요. 이 사실을 처음 발견한 국회의원 원이도, 세금 장부에 '지구본'을 누가 기록했는지 발견한 활명수 정부도 잘했어요."

선생님은 아이들을 향해 한쪽 눈을 찡긋했다.

"공공의 돈을 개인이 자기 마음대로 쓰는 횡령은 잘못된 거예요. 세금은 국민과 나라 살림을 위해 쓰여야 해요."

선생님의 설명을 듣고 수정이는 선생님이 왜 이런 일을 꾸몄는지 이해가 됐다. 그래서 앞으로는 세금을 더 꼼꼼히 잘 관리해야겠다고 마음먹었다.

 활명수 정치 상식 한 스푼

궁금증 하나 우리가 낸 세금은 어디에 쓰이나요?

세금이란 나라 살림을 유지하는 데 쓰기 위해 모든 국민이 분담하는 일종의 회비입니다. 세금은 국민 혼자 힘으로 해결할 수 없는 나라의 큰 공공사업들을 위해 다양하게 사용되지요.

국가는 세금으로 국민이 안전하게 거리를 다닐 수 있도록 인도나 가로등을 만들고, 교육을 위한 학교, 휴식을 취할 수 있는 공원과 같은 공공시설을 만듭니다. 또한 외국의 침략으로부터 나라를 지키는 군대, 범죄를 예방하는 경찰, 화재나 사고로부터 국민을 구조하는 소방서도 나라에서 운영하고 있지요.

만약 세금이 없다면 나라 살림을 운영할 돈이 없기 때문에 국민을 위한 공공 서비스를 제공하지 못하게 되겠죠? 세금은 국민 모두를 위해 사용하는 돈이기 때문에 성실히 내야 합니다. 그리고 나라에서도 세금을 계획적이고 합리적으로 사용해야 하지요.

궁금증 둘 헌법이란 무엇인가요?

헌법은 가장 기본이 되는 법이고 국민의 권리와 자유를 보장하는 최고의 법이에요. 헌법은 누구나 인간답게 살 권리, 즉 국민의 기본권을 보장하고, 국민의 의무도 담고 있어요. 이렇게 국민의 기본권 보장과 의무를 나타냄으로써 민주주의를 실현하지요. 헌법은 최고의 법이기 때문에 어떤 법도 헌법보다 앞서 효력을 내지 못하고 어떤 법도 헌법을 거스를 수 없어요.
대한민국 헌법의 몇 가지 내용을 알아볼까요?
제1장 제1조 제1항: 대한민국은 민주 공화국이다.
제1장 제1조 제2항: 대한민국의 주권은 국민에게 있고, 모든 권력은 국민으로부터 나온다.
제2장 제10조: 모든 국민은 인간으로서의 존엄과 가치를 가지며, 행복을 추구할 권리를 가진다. 국가는 개인이 가지는 불가침의 기본적 인권을 확인하고 이를 보장할 의무를 진다.
제2장 제11조 제1항: 모든 국민은 법 앞에 평등하다. 누구든지 성별·종교 또는 사회적 신분에 의하여 정치적·경제적·사회적·문화적 생활의 모든 영역에 있어서 차별을 받지 아니한다.

궁금증 셋 — 법원은 어떤 일을 하나요?

법원은 개인 간, 집단 간의 다툼이나 억울한 일이 발생했을 때 재판을 통해 문제를 해결해 주고, 법을 어기는 사람들에게 벌을 주어 사회 질서가 유지되게 하는 곳입니다. 법원이 법을 토대로 공정한 재판을 함으로써 국민의 권리를 보호하고 안전한 사회를 만들 수 있지요.
우리나라는 법원의 종류를 대법원과 고등법원, 지방법원으로 나눠요. 소송이 걸렸을 때 한 사건으로 세 번까지 심판을 받을 수 있는데, 이것을 '3심 제도'라고 합니다. 1심은 지방법원, 2심은 고등법원, 3심은 대법원에서 담당하죠.

무관심 속에 만들어진 법

"얘들아, 어디 가?"

6월의 어느 점심시간, 기정이가 교실을 나서는 아이들에게 다가갔다.

"우리? 캐치볼 하러 가려고."

시우와 원희가 손에 든 글러브와 공을 흔들어 보이며 대답했다.

"캐치볼이라고? 오늘 활명수 국회 본회의가 있는 날이잖아. 회의 참석해야지! 5분 후에 시작한다고."

기정이는 교실 벽에 걸려 있는 시계를 가리켰다.

"헤헤, 우리 두 명 빠져도 회의하는 데 문제없잖아. 오늘만 봐 주라."

시우는 시계를 잠시 보더니 씨익 하고 웃었다. 그러고는 기정이에게 어깨동무를 하고 능글맞은 표정을 지었다.

"회의는 자율적으로 참석하는 거잖아. 우리 둘 빠져도 회의를 진행할 인원은 충분할 거야."

원희도 시우의 말에 맞장구를 쳤다. 원희 말대로 국회 본회의는 국회의원의 절반인 열두 명만 참석해도 진행이 가능했다.

"미안, 기정아! 우리 대신 회의 열심히 해 줘!"

두 친구는 잽싸게 교실 문을 열고 운동장으로 달려갔다.

"야! 주시우! 노원희!"

기정이가 소리쳤지만, 두 친구는 기정이의 말을 들은 체도 하지 않고 사라졌다. 기정이는 어쩔 수 없다는 듯 교실로 들어섰다. 그때 교실을 나서는 다른 무리의 아이들과 마주쳤다.

"얘들아, 어디 가?"

"우리? 내일 우리 조 과학 수업 발표인데 준비를 다 못 해서 자료 찾으러 도서관에 가려고."

"오늘 점심시간에 활명수 국회 본회의 있는 거 몰라?"

"알아. 그런데 다들 학교 마치면 학원에 가야 해서 점심시간 밖에 시간이 안 돼. 우리 없어도 회의는 할 수 있잖아?"

"그렇긴 하지만……."

기정이는 도서관으로 향하는 아이들의 뒷모습을 바라봤다.

"이게 다야?"

활명수 국회 본회의가 시작된 교실, 기정이는 아이들의 수를 세어 봤다. 활명수의 국회의원 스물네 명 중 열세 명만 회의에 참석했다.

"활명수 국회의원 스물네 명 중 절반이 넘는 열세 명이 회의에 참석하였으므로 회의를 시작하겠습니다."

많은 국회의원이 참석하지 않았지만 국회의장 시원이는 회의의 시작을 알렸다.

"오늘은 총 두 개의 법이 제안됐습니다. 먼저, 허태양 의원님이 제안하신 '성적순 급식 먹기 법'에 대한 발표를 들어 보겠습니다."

태양이가 발표할 내용이 적힌 종이를 챙겨 앞으로 나왔다.

"안녕하십니까? 허태양입니다. 저는 '성적순 급식 먹기 법'에 대해 제안하려고 합니다. 활명수 나라에서는 번호순으로 돌아가며 급식을 먹고 있습니다. 하지만 앞으로는 수학 단원평가 점수가 높은 아이들이 급식을 먼저 먹으면 좋겠습니다."

태양이가 설명을 이어 갔다. 태양이와 친한 아이들이 그의 발표를 들으며 손뼉을 쳤다. 하지만 그 법의 문제점을 지적하는 국회의원도 있었다.

"성적에 따라 급식 먹는 순서를 정하는 것은 차별 아닌가요?"

"수학을 잘하는 허태양 의원님에게 유리한 거 아닙니까?"

법을 제안한 태양이는 물러서지 않았다.

"급식을 먼저 먹고 싶으면 수학 공부를 열심히 하면 됩니다."

태양이와 친한 아이들이 그에게 힘을 보태 주었다.

"성적순으로 급식을 먹으면 급식을 빨리 먹기 위해 아이들이 수학 공부를 더 하게 되는 효과도 있을 것입니다."

기정이는 속으로 고민이 됐다. 급식 먹는 순서를 성적으로 정한다는 것은 차별이라고 생각했지만, 자신은 수학을 잘하기 때문에 급식을 빨리 먹을 수 있으리라는 생각도 들었기 때문이다.

"그럼, 허태양 의원님이 제안하신 법안에 대한 표결을 진행하겠습니다."

제안된 법에 대해 여러 이야기가 오간 뒤 표결을 할 시간이 됐다.

"'성적순 급식 먹기 법'에 찬성하시는 분들은 손을 들어 주시기 바랍니다."

제법 많은 친구가 손을 들었다.

"하나, 둘, 셋……."

국회의장 시원이가 손을 든 사람의 수를 세었다.

"허태양 의원님이 제안하신 '성적순 급식 먹기 법'은 찬성 일곱 명, 반대 네 명, 기권 두 명으로 통과됐습니다."

'성적순 급식 먹기 법'은 회의에 참석한 국회의원 열세 명의 과반수인 일곱 명이 손을 들어 통과됐다. 손을 든 사람은 대부분 태양이와 친한 친구들이었다. 그리고 기정이의 찬성표도 포함되어 있었다.

활명수 국회 본회의가 있던 날 오후, 수정이의 손에는 본회의에서 통과된 두 법의 내용이 적힌 종이가 들려 있었다. 하나는 '성적순 급식 먹기 법'이고, 또 하나는 비 오는 날은 8시 45분까지 등교해도 된다는 '비 오는 날 등교 법'이었다.

"성적순 급식 먹기 법……?"

수정이의 시선은 두 개의 법 중 '성적순 급식 먹기 법'에 고정되어 있었다.

"금수정, 너 또 대통령 거부권 쓰려고 하는 거지?"

수정이의 등 뒤에서 누군가의 목소리가 들렸다. 수정이는 뒤돌아보지 않고도 누군지 단번에 알 수 있었다. 정부가 하는 일에 사사건건 시비를 거는 사람은 한 명 뿐이었다.

"이원, 무슨 일이야?"

"대통령 거부권을 너무 많이 쓰는 거 아니야?"

원이가 의자를 가져와서 수정이를 마주 보고 앉았다.

"네가 무슨 상관이야. 그건 대통령인 내가 정하는 거니까 신경 끄시지?"

수정이는 원이가 괜히 시비를 걸려고 왔다는 생각에 까칠하게 반응했다.

"너 지금까지 대통령 거부권을 몇 번이나 썼는지 알고 있어?"

원이가 팔짱을 끼면서 물었다.

"아홉 번 썼지. 그건 왜?"

"이번에 쓰면 열 번째야. 거기에 불만을 갖는 사람들도 늘고 있다는 건 알고 있어?"

원이 말대로 대통령 거부권을 자주 쓰는 것에 불만을 갖는 아이들이 생겨나고 있다는 것을 수정이도 알고 있었다.

"어차피 대통령이 거부할 건데 본회의는 참석해서 뭐하냐는 국회의원들도 있어."

"대통령 거부권은 내 권리라고!"

수정이가 발끈했다.

"나도 알아, 대통령 거부권은 국회가 마음대로 법을 만드는 것을 막기 위한 장치라는 거. 당연히 대통령이 쓸 수 있는 권리야. 그런데 너는 너무 많이 쓰고 있어. 너도 느끼고 있지 않아? 갈수록 거부권을 쓰기가 부담스럽다는 걸? 어쨌든 회의에서 국회의원들이 열심히 의논하고 투표까지 해서 만들어진 법이잖아."

원이는 할 말을 다 했다는 듯 자리에서 일어났다.

두 편으로 갈라진 활명수 나라

"어떻게 이런 말도 안 되는 법이 만들어진 거야?"

국회 본회의 다음 날 아침, 교실은 온통 불만 섞인 목소리로 가득했다.

"대체 누구야! 누가 찬성한 거야?"

새롭게 공포된 '성적순 급식 먹기 법'을 확인한 아이들의 볼멘소리였다. 비난의 화살은 법안을 제안한 태양이와 찬성에 손을 든 아이들에게로 향했다.

"야, 허태양! 어떻게 이렇게 말도 안 되는 법을 만드냐? 너한테만 유리하잖아."

특히 수학을 어려워하는 아이들의 불만이 컸다. 그중 몇몇 아이는 태양이에게 직접 항의했다.

"수학 공부 열심히 해서 성적을 잘 받으면 되잖아? 그리고 본 회의에서 통과된 걸 왜 나한테 와서 따지냐?"

태양이는 짜증 난다는 말투로 받아쳤다.

"미리 짜고 찬성에 손을 들어서 통과된 거잖아. 찬성한 아이들이 다 너랑 친한 애들이야!"

"법이 마음에 안 들면 회의에 참석해서 반대에 손을 들지 그랬어? 회의에 안 온 건 너희 아니야?"

태양이는 물러서지 않았다.

"이기정! 너는 대체 왜 찬성한 거야? 태양이랑 친하지도 않잖아."

비난의 화살이 이번에는 찬성에 손을 들었던 기정이에게로 향했다.

"찬성을 하든 반대를 하든, 내 맘 아니야?"

기정이는 따지듯 이야기하는 아이들의 말투에 짜증이 났다.

"야! 기정이가 친하단 이유로 찬성에 투표했겠어? 기정이도 나름대로 생각을 하고 투표했겠지."

수정이가 기정이 앞을 가로막으며 변호했다.

"자기한테 유리한 법이니까 찬성했겠지! 기정이도 수학 잘하잖아."

교실 여기저기서 잘못된 법이 만들어졌다는 쪽과 정당한 절차를 거쳐 만들어졌으니 문제가 없다는 쪽의 의견이 팽팽히 맞섰다.

"우리가 없는 사이에 이런 법이 만들어질 줄은 몰랐어. 이건 무효야, 무효!"

"말도 안 되는 소리 마. 국회의원 절반 이상이 참석했고 그중 절반 이상이 찬성했어. 누가 회의에 참석하지 말라고 강요했어?"

"대통령은 뭘 한 거야? 이럴 때 거부권을 써야지. 안 써도 될 때만 대통령 거부권을 쓰고 말이야!"

불똥이 대통령인 수정이에게도 튀었다. 법 하나 때문에 활명수 나라가 아수라장이 됐다.

"공부 잘해서 좋겠네. 수학 못하는 우리는 배고파도 계속 기다려야지, 뭐."

급식을 받으려고 줄을 서 있는 기정이를 향해 자리에 앉아 있던 누군가가 들으라는 듯 옆 친구에게 이야기했다.

"비꼬듯 말하지 말아 줄래?"

'성적순 급식 먹기 법'이 처음 적용되는 날 점심시간. 여전히 아이들은 날카롭게 맞서고 있었다. 선생님에게 문제를 해결해 달라고 이야기한 아이들도 있었지만, 돌아온 대답은 '절차를 거쳐 만들어진 법이기 때문에 선생님도 어쩔 수 없다'는 것이었다.

'이럴 줄 알았으면 거부권을 쓸 걸. 엉뚱한 데 거부권을 쓰느라 정말 써야 할 때 부담을 느껴서 쓰지 못하다니…….'

수정이는 속으로 원이의 말에 부담감을 느껴 거부권을 쓰지 못한 것을 후회했다. 하지만 이미 법이 공포된 상황이라 되돌릴 수는 없었다.

"치킨 좀 더 줘! 나는 왜 이것밖에 안 주는 건데?"

정국이가 급식을 받다 말고 소리를 질렀다. 먼저 받은 친구들보다 양이 적다는 이유였다.

"치킨이 얼마 안 남아서 그래. 우선 이것만 받아."

"와! 차별한다, 차별. 수학 잘하는 애들만 고기 많이 주고 나는 이것밖에 안 주네."

"수학을 못해 늦게 받으면서 불만은 뭐 이렇게 많대?"

근처에 앉아 밥을 먹고 있던 기정이가 혼잣말로 중얼거렸다. 아까 자신에게 비아냥거린 정국이에 대한 복수였다.

"뭐? 이기정, 너 말 다 했냐?"

기정이의 말을 들은 정국이는 밥을 먹고 있는 기정이 앞으로 다가갔다. 정국이는 식판을 잡고 있던 두 손 중 한 손으로 기정이의 책상을 내리쳤다. 한쪽으로 기울어진 식판에서 국물이 넘쳐 기정이의 가방으로 떨어졌다.

"야! 내 가방 다 젖었잖아!"

기정이의 화난 목소리가 교실을 가득 채웠다. 하나의 법으로 인해 시작된 갈등은 사이 좋던 활명수 나라의 분위기를 완전히 바꿔 놓았다.

'성적순 급식 먹기 법' 사건 이후, 활명수 나라에는 자연스럽게 무리가 생겼다. 그 법을 제안한 태양이와 친한 친구들을 중심으로 한 무리와 법에 불만을 갖고 차별이라고 이야기하는 아이들의 무리였다. 기정이는 자연스레 태양이와 어울리기 시작했다.

"우리는 태양이처럼 성적으로 사람을 차별하지 말자. 성적으로 밥 먹는 순서를 정하다니 말도 안 돼."

"열심히 공부한 아이들에게는 어느 정도 혜택이 있어야 해. 그리고 법을 만드는 회의에 열심히 참석한 사람들이 정한 대로 따라야 해. 그게 법이니까."

활명수 나라의 아이들은 같은 생각을 하는 아이들끼리 모여 편을 가르기 시작했다. 물론 어느 편에도 들지 않는 아이들도 있었다.

"선생님, 애들이 편을 갈라서 자기편끼리만 친하게 지내요."

친구들이 서로 편을 나누는 듯한 모습을 보고 국무회의에서 수정이가 걱정스러운 목소리를 냈다.

"선생님도 알고 있어요. 활명수에도 '정당'이 생기기 시작했네요."

"정당이요?"

"네, 생각이나 주장이 같은 사람들이 모여 만든 단체를 정당이라고 해요. 같은 생각을 하는 사람들이 모이면 목소리를 더 쉽게 낼 수 있잖아요."

선생님이 정당의 의미를 설명했다.

"텔레비전에서 본 것 같아요. 자유당, 평등당 등등의 이름을 들어 봤어요."

건혁이가 뉴스를 본 기억을 떠올렸다.

"편을 가르는 건 나쁜 거 아닌가요?"

수정이가 걱정스러운 듯 물었다.

"무조건 안 좋다고 할 수는 없어요. 사람들의 의견은 다양하니까요. 그리고 여러 정당이 있으면 여러 의견이 나오기도 하고요. 서로를 견제하며 한쪽에 유리한 법들만 만들어지지 않게 하는 역할도 하죠. 물론 부작용도 있고요."

　수정이는 선생님의 설명 덕에 정당이 어떤 역할을 하는지 알게 됐다. 하지만 마음 한쪽에는 여전히 걱정이 남아 있었다. 수정이가 대통령 선거에서 이야기했던 즐거운 활명수 나라와는 점점 멀어지고 있는 것만 같았다.

반대를 위한 반대

"기정아! 이런 법을 제안하려 하는데, 어때?"

태양이가 자신이 만들어 온 법 제안서를 기정이에게 건넸다. 제안서의 내용을 쭉 훑어보니, 수학 단원평가에서 70점을 넘지 못하면 방과 후에 나머지 공부를 해야 한다는 내용이었다.

"괜찮지? 여기 서명해 줘."

잠시 망설이던 기정이는 떨떠름한 표정으로 볼펜을 꺼내 법 제안서에 동의 서명을 해 주었다.

"고마워! 태양당 파이팅! 이따 국회 본회의에서도 찬성에 손 드는 거 잊지 마!"

태양이는 제안서를 들고 또 다른 태양당 친구에게 서명을 받으러 갔다. 언젠가부터 태양이의 무리는 '태양당', '성적순 급식 먹기 법'에 불만을 가진 무리는 '함께당'이라는 이름으로 불리고 있었다.

"기정아, 괜찮아?"

근심거리가 있는 듯한 기정이의 기색을 눈치챈 수정이가 기정이의 등을 토닥여 주었다.

"응? 수정아, 난 괜찮아."

기정이는 애써 괜찮다는 듯 웃어 보였다. 하지만 기정이는 사실 고민이 많았다. 자기를 비꼬는 아이들 때문에 태양당 무리와 함께하기 시작했지만, 방금 서명한 '나머지 공부 법'처럼 기정이가 바라지 않는 법도 찬성을 해야 하는 일이 가끔 생겼기 때문이다.

"이제 곧 본회의 시작하겠다. 자리에 앉자."

방학이 얼마 남지 않은 7월의 첫날, 오랜만에 활명수 국회 본회의가 열렸다.

"국회의원 스물네 명 중에 열아홉 명이 참석하였으므로 활명수 국회 본회의를 시작하겠습니다."

점점 줄어들던 국회 본회의의 참석 국회의원 수는 정당이 생긴 뒤 다시 늘어났다. 함께당 아홉 명과 태양당 아홉 명이 늘 회의에 참석했기 때문이다. 물론 여전히 회의에 잘 참석하지 않는 국회의원들도 있었다.

"오늘 제안된 법은 총 다섯 개입니다."

"다섯 개 중에 우리가 제안한 게 마지막이지?"

정부에서 제안한 법을 발표하기 위해 교실 뒤편에 앉아 있던 수정이가 건혁이에게 물었다.

"응 맞아. 네 번째, 다섯 번째가 우리가 제안한 법이야."

건혁이가 고개를 끄덕였다.

"첫 번째는 이기정 의원님이 제안하신 '분실물 보관함 법'입니다."

기정이는 자신이 제안한 법을 발표하기 위해 앞으로 나왔다.

"안녕하세요. 이기정입니다. 저는 '분실물 보관함 법'을 제안하기 위해 이 자리에 나왔습니다. 요즘 교실에 많은 분실물이 나오고 있습니다. 이름이 적힌 물건은 주인을 찾아 줄 수 있지만 이름이 없는 물건은 주인을 찾아 주기가 힘듭니다. 교실에 분실물 보관함을 만들어 그곳에 분실물을 모아 둔다면, 물건을 잃어버린 사람들이 그곳에서 잃어버린 물건을 쉽게 찾을 수 있을 것입니다."

기정이가 발표를 마치자 태양당 아이들이 손뼉을 쳤다. 수정이도 기정이가 제안한 법이 좋은 아이디어라고 생각했다. 자신에게 투표권이 있다면 당연히 찬성에 한 표를 던졌을 것이다.

"이 법은 만장일치로 통과되겠는데?"

수정이가 옆에 있던 건혁이를 쳐다봤다.

"글쎄……."

건혁이는 생각이 좀 다른 듯했다.

"분실물은 본인이 책임져야 하는 것 아닙니까? 굳이 보관함을 만들 필요가 있나요?"

함께당 자영이가 손을 들고 기정이의 법에 반대 의견을 냈다.

"본인의 물건을 스스로 잘 챙겨야 하는 것이 맞지만 실수로 잃어버릴 수도 있지 않나요?"

"저는 잘 모르겠는데요? 교실에 보관함을 둘 자리도 없어 보입니다. 굳이 이런 법이 필요할까요?"

이번엔 함께당의 시우가 손을 들었다.

"지금 함께당은 태양당에서 낸 의견이라는 이유만 가지고 반대를 하는 거 아닙니까?"

태양당의 태양이가 함께당 아이들이 앉아 있는 쪽을 향해 발끈해서 소리쳤다. 수정이는 함께당 아이들이 태양당인 기정이가 제안한 법이라서 반대한다는 것을 알아챘다. 제안된 법의 내용과 상관없이 무조건 반대를 한다는 사실은 다른 아이들도 금방 느낄 수 있었다.

"이런 식으로 나오면 우리도 가만히 있지 않을 겁니다."

"저는 그 법이 필요가 없어 보인다고 이야기하는 겁니다. 그렇게 복수를 하겠다는 듯한 말은 적절하지 않습니다."

본회의 시간은 점점 어수선해졌다. 제안된 법의 내용 따위는 중요하지 않은 것처럼 보였다. 그렇게 의미 없는 말다툼으로 시간만 하염없이 흘러가고 있었다. 보다 못한 국회의장 시원이가 중재에 나섰다.

"제안된 법과 관련하여 의견을 주고받는 데 충분한 시간을 사용한 것 같습니다. 바로 표결을 진행하겠습니다. '분실물 보관함 법'에 찬성하는 분들은 손을 들어 주시기 바랍니다."

회의에 참석한 열아홉 명 중 아홉 명이 찬성, 아홉 명이 반대에 손을 들었다. 한 명은 기권했다.

"분실물 보관함 법은 과반수가 찬성하지 않았기 때문에 부결됐습니다."

국회의장이 의사봉을 두드리는 소리가 들렸다. 함께당 쪽에서 작은 박수 소리가 들려왔다. 태양당 아이들이 함께당 아이들에게 눈을 흘겼다.

계속해서 이어진 회의의 발표자는 함께당의 하진이였다. 하진이는 태양이가 제안해 만들어졌던 '성적순 급식 먹기 법'을 폐지하자고 제안했다.

"이미 만들어진 법을 왜 없애자고 하시는 겁니까?"

태양당 아이들이 곧바로 딴지를 걸었다.

"법은 필요에 따라 없어지고 생겨나는 겁니다. '성적순 급식 먹기 법'이 문제가 있다고 생각하는 사람들이 많습니다."

함께당 아이들은 곧바로 반박했다.

"문제가 없다고 생각하는 사람도 많습니다."

"일곱 명만 찬성해서 통과한 법이기 때문에 다시 이야기를 나눠야 합니다."

"과반수의 국회의원이 참석해서 그중 절반 이상이 동의했습니

다. 우리가 규칙을 어겨 법을 만든 것처럼 이야기하지 마십시오."

태양당과 함께당은 한 치의 물러섬도 없었다. 이제 아이들은 반대를 위한 반대만 하고 있었다. 제안된 법이 정말 활명수에 필요한가보다는 우리 정당이 제안한 법인가 아닌가로만 판단했다. 우리의 의견은 무조건 옳은 것, 상대방의 의견은 무조건 살못된 것이라고 이야기하기 바빴다. 그렇게 또 의미 없는 시간이 지나갔다.

"딩동댕동."

점심시간의 끝을 알리는 종소리가 들려왔다. 결국 시간만 허비한 채 본회의는 끝나 버렸다. 다뤄야 할 법안들이 아직 한참 남았지만 제안된 두 번째 법의 표결도 마무리 짓지 못한 채 아이들은 수업 준비를 시작했다.

"이게 뭐야! 중요한 얘기들은 하지도 않고 서로 비난하기 바쁘잖아."

회의를 지켜보던 수정이는 절망에 빠졌다. 아무리 생각해도 이건 바람직한 회의의 모습이 아니었다.

활명수 각 정당의 핵심 이념과 주장

태양당

개인의 노력에 따라 정당한 대가를 주어야 한다.
공부를 열심히 하는 사람에게 여러 가지 혜택을 주면 전체적으로 공부하는 분위기가 만들어질 것이다.

VS

함께당

모두가 평등한 반을 만들어야 한다.
성적으로 사람을 차별해서는 안 된다. 각자의 재능과 개성이 모두 다르기 때문에 하나의 기준으로만 차등할 수 없다.

 활 명 수 정 치 상 식 한 스 푼

궁금증 하나 국민의 의무와 권리에는 무엇이 있나요?

국민이라면 기본적으로 보장받는 권리를 기본권이라고 합니다. 기본권에는 평등권, 자유권, 참정권, 청구권, 사회권이 있어요. 평등권은 모든 국민은 법 앞에서 평등하다는 것을 뜻해요. 돈이 많고 적음, 나이가 많고 적음에 따라 차별받지 않을 권리죠. 자유권은 직업 선택이나 이사, 이민 등을 자유롭게 할 수 있는 권리예요. 참정권은 정해진 기준을 만족하면 누구든 투표를 할 수 있고, 선거에 출마할 수 있는 권리를 말해요. 청구권은 내 권리가 침해받았을 때 국가에 보상 등을 요구할 수 있는 권리예요. 사회권은 누구나 교육을 받을 권리, 건강하고 쾌적한 환경에서 생활할 권리를 의미해요.

국민이 지켜야 하는 의무에는 근로의 의무, 교육의 의무, 납세의 의무, 국방의 의무, 환경 보전의 의무가 있어요. 근로의 의무는 국민은 일을 해야 할 의무를 갖는다는 것을 뜻하고, 교육의 의무는 국민이라면 자녀가 교육을 받고 잘 성장할 수 있도록 해야 한다는 거예요. 납세의 의무는 모든 국민은 세금을 내야 한다는 것, 국방의 의무는 우리 모두의 안전을 위해 나라를 지킬 의무를 말하죠. 환경 보전의 의무는 환경을 보전하기 위해 노력해야 한다는 것을 뜻해요.

궁금증 둘 — 정당이란 무엇인가요?

뉴스를 보거나 국회의원, 대통령 선거를 할 때 무슨 무슨 '당'으로 끝나는 단체의 이름을 본 적이 있지요? 여기서 '당'은 '정당'을 뜻하는 것입니다. 정당은 정치적으로 같은 의견을 갖고 있거나 같은 생각을 하는 사람들이 모여 만든 단체예요. 만약 체육 시간에 피구를 하고 싶어 하는 아이들과 축구를 하고 싶어 하는 아이들이 있다면, 혼자서 목소리를 내는 것보다는 같은 생각을 하는 친구들이 모여 함께 목소리를 내는 게 더 효과적이겠죠? 정당이 생겨난 이유도 이와 같답니다. 정당은 국민이라면 누구나 만들 수 있고 가입할 수 있어요.

궁금증 셋 — 국민이 정치에 관심을 갖지 않으면 어떻게 되나요?

국민이 정치에 무관심하면 정치인들이 일부에게만 유리한 법을 만들거나 세금을 자기 마음대로 써 버려도 알 수 없게 되고, 그로 인해 불공정하고 불합리한 일을 당할 수 있지요. 이런 일을 막기 위해서는 국민이 정치에 관심을 가지고 적극적으로 참여해야 합니다. 국민은 선거를 통해 자신과 정치적 의견이 비슷한 후보에 투표를 함으로써 의견을 표현할 수 있어요. 또한 여론 조사에 참여하거나 정당이나 시민 단체에 가입하여 적극적으로 의견을 말할 수도 있죠. 국민이 정치에 많은 관심을 갖고 참여할수록 정치인은 국민의 뜻에 따라 올바른 정책을 만들기 위해 노력하게 됩니다.

때를 놓친 법들

"나머지 법들은 아직 이야기를 나눠 보지도 못했어."

수정이가 회의에서 의논할 차례가 오지 않은 법들을 살펴보며 한숨을 쉬었다. 하진이가 제안한 법에 관해 이야기하다 끝난 국회 본회의 이후 두 번의 회의가 더 있었지만 두 정당이 서로의 의견만 내세우느라 여전히 회의가 더디게 진행됐기 때문이다.

"그러게. 방학 전에 이 법을 만들어야 할 텐데⋯⋯."

영진이도 제안된 법들이 적힌 종이를 만지작거렸다. 종이에는 국회의원들이 제안한 법들이 적혀 있었다. 그중에는 활명수 정부에서 제안한 두 개의 법도 있었다. 하나는 전학을 가게 되는 아이가 나오면 세금으로 과자 등을 사서 작별 파티를 열어 주자는 법이었다.

갑자기 이사를 하게 되어 1학기를 마치고 전학할 예정인 송이를 위해 부총리 영진이가 제안한 법이었다.

"국회의원들이 서로 다투기만 하느라 얼른 만들어져야 할 법이 의논도 되고 있지 않다니. 이건 옳지 않아!"

"맞아, 송이가 전학을 가고 나서 이 법에 관해 이야기하면 그게 무슨 소용이야."

건혁이도 답답한 마음을 숨기지 않았다.

"이제 방학 전까지 회의는 딱 한 번 남았어. 다음 회의에서는 꼭 우리가 제안한 법을 의논해야 해."

수정이가 달력을 들추며 한숨을 쉬었다.

"다들 모여 있었구나?"

세 친구 사이로 선생님의 얼굴이 불쑥 나타났다.

"방금 옆 반 선생님과 이야기했는데, 햇반 나라는 다른 반이랑 피구를 하기로 했다는구나."

햇반은 옆 반인 6학년 2반이 '햇살처럼 따사로운 반'을 줄여서 만든 나라 이름이었다.

"예? 벌써요?"

수정이가 깜짝 놀라 물었다.

"아직 활명수 나라에 '반 대항 피구 법'이 통과되지 않았잖아. 햇반 나라 대통령이 마냥 기다릴 수가 없어서 그렇게 하기로 결정했대."

'반 대항 피구 법'은 대통령이 다른 나라에 피구 시합을 제안할 수 있는 법이었다. 하지만 아직 국회에서 통과가 되지 않아 활명수의 대통령인 수정이는 법이 만들어지길 기다리고 있었다. 그사이 햇반이 다른 반과 피구 시합 약속을 잡아 버린 것이다.

"대통령은 대체 뭘 한 겁니까?"
"우리가 피구 시합을 얼마나 기다리고 있었는데!"

다음 날 햇반과의 피구 시합이 무산됐다는 사실이 알려지자 활명수반 아이들은 매우 아쉬워했다. 대통령인 수정이에게 따지는 아이들도 있었다. 하지만 대통령도 법이 만들어지지 않는 이상 할 수 있는 일이 없었다.

"정부에서는 피구 시합을 위한 법을 제안했습니다. 국회 본회의가 제대로 진행되지 않아서 법이 제때 만들어지지 않았을 뿐입니다!"

아이들은 피구 시합을 하지 못한 데 아쉬움을 쏟아 냈지만, 수정이도 어쩔 수 없었다. 사실 아이들도 그것을 알고 있었다. 이제 수정이에게 향하던 비난의 화살은 상대 정당으로 향했다.

"태양당이 회의에서 불필요한 말을 많이 하는 바람에 이렇게 된 거잖아."

함께당 아이들이 불만스러운 말투로 쏘아붙였다.

"함께당에서 이미 만들어진 법을 없애자는 제안만 하지 않았어도 이렇게 되진 않았을 거야."

태양당 아이들도 물러서지 않았다.

"너희 때문에 피구를 못 하게 됐잖아!"

"그게 왜 우리 때문이야! 너희 때문이잖아."

"송이 작별 파티도 너희 때문에 못 하는 거야."

다시 한번 태양당과 함께당이 격렬하게 맞붙었다.

"함께당 때문에 활명수가 엉망이 됐어!"

"무슨 소리 하는 거야! 활명수가 엉망이 된 건 다 태양당 너희 때문이야!"

정당 간의 다툼 탓에 나라의 살림을 위한 법이 제대로 만들어지지 못했다. 그 결과 활명수 나라의 국민은 여러 면에서 불편함을 겪어야 했다. 말은 하지 않았지만, 아이들은 자신들의 행동이 이런 결과를 가져왔다는 걸 조금씩 느끼고 있었다.

수업이 끝난 그날 오후, 집에 가기 위해 가방을 싸던 수정이의 어깨를 누군가 툭툭 쳤다. 고개를 돌려보니 원이가 무표정한 얼굴로 서 있었다.

"이원? 네가 웬일이야?"

"나랑 이야기 좀 할래?"

수정이는 원이가 또 정부가 하는 일을 따지려 하는 거라고 생각했다. 대통령 선거에서 떨어진 이후 원이는 활명수 정부가 조금이라도 잘못하는 일이 있으면 그냥 넘어가는 법이 없었다.

"무슨 일이야?"

수정이가 원이 쪽으로 몸을 돌려 앉았다.

"이대로 괜찮아?"

"이대로 괜찮냐니? 뭐가?"

수정이는 자신의 예감이 맞았다고 생각했다.

"활명수 나라 말이야. 지금 서로 싸우느라 시간 다 보내고 있잖아. 네 공약 중 하나가 즐거운 나라를 만들겠다는 것 아니었어?"

"맞아. 나도 노력하고 있다고. 그거 따지러 온 거야?"

"따지러 온 게 아니야. 내가 도울 게 있을까 싶어서……."

원이의 입에서 나온 말은 의외였다.

"도와준다고?"

"그래, 나도 활명수 나라가 즐거워졌으면 좋겠어. 같이 고민하는 사람이 한 명이라도 더 있으면 뭔가 방법이 떠오르지 않을까?"

"아……."

수정이는 잠시 말문이 막혔다.

"나는 네가 대통령 선거에서 떨어져서 무조건 정부에 딴지를 거는 줄 알았는데……."

"딴지를 걸다니? 나는 활명수 나라가 즐겁고 행복해지는 쪽으로 행동했을 뿐이야."

생각해 보니 원이가 그동안 수정이에게 한 행동은 서로를 헐뜯기만 하는 지금 활명수 아이들의 모습과는 달랐다. 원이 덕분에 세금이 엉뚱한 곳에 쓰이고 있을지도 모른다는 사실을 발견했고 거부권을 신중하게 사용해야 한다는 것을 알게 되지 않았는가.

"어쨌든 내가 원하는 것도 너와 같아. 우리 활명수가 즐거운 나라가 되는 거지."

"나도 같이할래."

원이 뒤에서 또 다른 목소리가 들렸다.

"기정아!"

"나도 원이랑 같은 생각이야. 나도 도와줄게."

기정이가 의자를 원이 옆에 놓고 앉았다.

"이건 정말 아니야. 서로 다른 무리라고 무조건 반대만 하는 건 지쳤어. 활명수가 행복하고 즐거워지는 게 제일 중요한 거잖아."

든든한 지원군을 얻은 수정이는 무겁기만 했던 마음이 한결 가벼워진 것을 느꼈다.

팥빙수 회동

"주문하신 팥빙수 나왔습니다."

수정이와 기정이, 원이는 학교 앞 분식집에 모였다. 활명수 나라에서 일어나고 있는 문제를 어떻게 해결할지 의논하기 위해서였다.

"이건 어때? 태양당과 함께당을 없애 버리는 거야."

수정이가 숟가락을 한 손에 들고 흔들어댔다.

"그건 안 되지. 태양당과 함께당이 죄를 지은 건 아니잖아."

원이가 팔짱을 끼고 고개를 가로저었다.

"발의된 법을 논의 시간 없이 표결하는 건 어때?"

"그래도 여전히 자기 정당이 제안한 법에만 투표할 걸?"

다시 한번 원이가 고개를 가로저었다.

"그럼 어떻게 하지?"

"선생님은 맨날 바쁘다고 우리끼리 해결하라고 하시고……. 선생님이 도와주시면 좋을 텐데……."

팥빙수의 얼음이 다 녹아 흐를 정도의 시간이 흘렀지만 활명수 나라의 갈등을 해결할 수 있는 좋은 방법은 떠오르지 않았다.

"얘들아, 이것 좀 먹어 볼래?"

세 친구가 머리를 감싸 쥐며 고민하고 있을 때, 분식집 사장님이 쟁반을 들고 다가왔다.

"아저씨, 이게 뭐예요?"

아저씨가 가져온 쟁반에는 떡볶이가 담긴 접시 두 개가 있었다.

"가게에서 개발 중인 새로운 떡볶이인데 맛 한번 볼래?"

"우와! 감사합니다!"

세 친구는 고민은 잠시 내려놓고 떡볶이 맛을 음미하는 데 집중하기로 했다.

"얘들아, 둘 중 어느 게 더 맛있니?"

아이들이 떡볶이를 몇 입 먹었을 때 아저씨가 물었다.

"왼쪽 떡볶이가 더 맛있어요! 오른쪽 건 너무 매워요."

기정이가 혀를 내밀고 손으로 부채질을 했다.

"저도 왼쪽 떡볶이가 더 맛있어요. 소시지도 들어 있어서 맛있어요."

수정이도 왼쪽 떡볶이를 선택했다.

"저도 왼쪽이요."

원이까지 같은 떡볶이를 골랐다. 아이들의 만장일치에 아저씨는 너털웃음을 터뜨렸다.

"하하하하, 역시 왼쪽 떡볶이가 맛있지? 여보! 셋 다 내가 만든 떡볶이가 더 맛있대!"

아저씨가 주방 쪽을 향해 소리쳤다.

"아저씨가 만든 떡볶이랑 아줌마가 만든 떡볶이 중에 뭐가 더 맛있는지 내기했거든. 너희 덕에 아저씨는 설거지 안 해도 되겠다. 이 떡볶이는 서비스니까 맛있게 먹으렴. 하하하하."

아저씨는 호탕하게 웃으면서 주방으로 돌아섰다.

"에이, 아줌마가 하신 건 줄 알았으면 오른쪽 거 고를 걸. 아줌마가 저번에 음료수도 서비스로 주셨는데."

수정이가 아쉬운 듯 이야기했다. 그러더니 무언가 떠오른 듯 자리를 박차고 일어섰다.

"얘들아, 이거야! 내 아이디어 한번 들어 봐."

수정이가 두 눈을 반짝이며 기정이와 원이에게 자신의 계획을 설명했다.

"수정아, 그거 괜찮은 것 같아! 원이 너는 어떻게 생각해?"

기정이가 고개를 끄덕이며 원이를 쳐다봤다.

"나도 괜찮을 것 같아."

원이도 잠시 생각하는 듯하더니 고개를 끄덕였다.

방학이 며칠 남지 않은 어느 날, 1학기의 마지막 활명수 본회의가 열렸다. 시원이가 의사봉을 세 번 두드리며 회의의 시작을 알렸고, 첫 번째 발표자인 기정이가 교실 앞으로 나왔다.

"안녕하십니까? 활명수 국회의원 태양당 이기정입니다."

태양당 아이들은 함께당 아이들 들으라는 듯 손뼉을 치며 환호했다. 반면 함께당 아이들은 시큰둥한 표정으로 기정이를 쳐다봤다.

"저는 '학용품 준비 법'을 제안하기 위해 나왔습니다. 이 법은 세금으로 교실에 가위나 자 같은 물건들을 마련해 두는 법입니다. 깜빡하고 준비물을 가져오지 않은 친구들이 이 물건을 자유롭게 사용할 수 있으면 좋겠습니다."

기정이의 발표가 끝나자 몇몇 친구가 손을 들었다.

"아주 좋은 생각입니다. 준비물을 가져오지 않아 수업 시간에 아무것도 못 하는 아이들이 줄어들 것 같습니다."

당연하다는 듯이 태양당 아이들은 기정이가 제안한 법에 찬성하는 발표를 했다. 하지만 함께당 아이들은 그렇지 않았다.

"그건 다 세금으로 사야 하는 것 아닙니까? 세금이 아깝습니다. 세금으로 그런 물건들을 다 구매할 순 없습니다."

"수업 때 준비물을 가져오지 않은 것은 자기 책임이기 때문에 스스로 책임져야 합니다."

반대하는 이유를 듣자 이번엔 태양당 아이들이 반박하기 시작했다.

"주시우 의원님은 평소에 준비물을 잘 챙겨 오지 않으시니까 이 법이 통과되면 도움이 되는 것 아닙니까?"

태양당 아이들이 함께당의 시우를 향해 물었다.

"이제부터 준비물 잘 챙겨 올 건데요?"

시우는 태양당 아이들이 어떻게 말하든 반대할 생각인 듯했다. 회의는 순식간에 소란스러워졌다. 또다시 상대방의 의견에 반대하기 위한 말들만 오고 갔다. 하지만 발표를 위해 교실 앞에 나와 있던 기정이는 별다른 말 없이 수정이와 원이를 번갈아 쳐다봤다. 그리고 원이를 향해 고개를 끄덕였다.

"잠시만요."

원이가 갑자기 자리에서 일어났다. 아이들의 시선이 원이에게로 향했다. 모두 의아한 표정이었다.

자리에서 일어난 원이는 곧장 기정이가 서 있는 교실 앞으로 걸어갔다. 모든 친구가 원이의 갑작스러운 행동에 당황했다. 하지만 정작 기정이는 당황한 기색 없이 미소를 짓고 있었다.

"무슨 일이지?"

원이의 돌발 행동에 교실이 소란스러워졌다. 기정이는 발표를 위해 들고 있던 종이를 원이에게 건네고는 자기 자리로 돌아가 앉았다.

"안녕하십니까. 활명수 국회의원 여러분. 함께당 이원입니다. 방금 태양당의 이기정 의원님이 발표하신 '학용품 준비 법'은 사실 제가 발의한 법안입니다."

"뭐라고?"

"이게 어떻게 된 거야?"

원이의 말에 태양당, 함께당 국회의원들이 모두 당황한 기색을 보였다. 웅성거림은 점점 커졌다.

"여러분, 조용히 해 주십시오. 죄송합니다. 제가 법을 제안한 분의 이름을 착각했네요."

국회의장 시원이가 탁자를 두드리며 소란스러운 교실을 정리했다.

"다시 발표하겠습니다. 저는 '학용품 준비 법'을 제안하기 위해 나왔습니다."

원이가 이미 기정이가 발표했던 내용을 다시 발표했다.

"이상입니다."

"이원 의원님이 제안하신 법에 대한 의견이 있으신 분은 손을 들고 발표해 주시기 바랍니다."

원이의 발표가 끝나자 국회의장 시원이가 의견이 있는 국회의원은 발표를 해 달라고 이야기했다. 하지만 손을 드는 아이들은 하나도 없었다. 기정이가 제안한 줄 알고 찬성한 태양당 아이들은 사람이 바뀌었단 이유만으로 이제 와서 반대를 할 수는 없는 노릇이었다. 마찬가지로 함께당 아이들도 이제 와서 찬성한다고 말할 수가 없었다.

"……."

어색한 침묵이 이어졌다. 수정이가 자리에서 일어나 아이들을 바라봤다. 이번엔 모두의 시선이 수정이를 향했다.

"여러분, 다들 느끼셨을 겁니다. 여러분은 그동안 제안된 법이 활명수 나라를 위해 필요한 것인지 아닌지와 상관없이 나와 다른 의견이라면 무조건 반대해 왔습니다. 그 때문에 정말 필요한 법들이 만들어지지 못하고 있습니다. 여러분도 이렇게 다툼이 가득한 곳이 아닌 즐거움이 가득한 곳에서 생활하고 싶지 않으십니까? 지금이라도 정당과 상관없이 즐겁고 행복한 활명수를 위한 법들이 만들어질 수 있도록 해 주시기 부탁드립니다. 정부에서도 노력하겠습니다."

수정이가 진심을 담아 활명수 아이들에게 자기 생각을 전했다. 수정이의 말을 들은 아이들은 아무 말도 하지 못했다. 교실은 순식간에 조용해졌다.

다 함께 한 걸음씩

 잠시 침묵이 흐른 뒤, 본회의가 다시 진행됐다. 기정이가 발표할 때는 반대 의견을 냈던 함께당 아이들이 먼저 발표를 했다.
 "이기정 의원님, 아니 이원 의원님이 제안하신 대로 교실에 모두가 쓸 수 있는 학용품이 있으면 좋을 것 같습니다."
 태양당 아이들도 의견을 냈다.
 "저도 같은 생각입니다."
 "어떤 학용품을 마련하면 좋을지 구체적으로 정해 봤으면 좋겠습니다."
 "수업에 많이 쓰이는 가위, 풀은 있었으면 좋겠습니다."
 "모두가 쓸 수 있는 사인펜과 색연필도 마련하면 좋겠습니다."
 자신이 속한 정당과 상관없이 제안된 법에 대한 의견들이 자유롭게 오갔다. 서로를 향해 날카로운 칼을 겨누던 모습은 사라지고, 이제는 모두 함께 조각상을 다듬어 가는 것 같았다.

"학용품을 몇 개씩 마련해 둘지도 정하면 좋지 않을까요?"

"분단별로 한 개씩 마련해 두면 좋을 것 같습니다."

태양당의 의견에 함께당 아이들이 대답했다. 고함이나 짜증 섞인 소리는 이제 더는 들리지 않았다.

"그럼 어느 정도 의견을 나누었으니 표결을 진행하겠습니다."

회의는 문제없이 진행됐고 국회의장 시원이가 표결의 진행을 알렸다.

"그럼 '학용품 준비 법'에 찬성하시는 의원님은 손을 들어 주시기 바랍니다."

"다행이야. 송이 작별 파티 할 수 있겠다."

수정이의 손에는 오늘 본회의에서 통과된 법들이 들려 있었다. '학용품 준비 법'뿐만 아니라 그동안 논의되지 못했던 '전학생 작별 파티 법'과 '반 대항 피구 법'도 이번 본회의에서 통과됐다.

"어떻게 이런 아이디어를 낸 거야? 정말 대단하다!"

통과된 법을 수정이에게 전해 주러 온 시원이가 엄지를 치켜들었다. 분식집에 모였던 세 사람은 이번 본회의에서 어떤 일이 있을지 시원이에게는 미리 귀띔해 주었다. 원이 대신 기정이가 발표하기 위해서는 국회의장인 시원이의 도움이 필요했기 때문이다.

"떡볶이를 먹다가 갑자기 생각나더라고."

"떡볶이?"

"응, 떡볶이를 누가 만들었는지 몰랐을 때는 정말 맛있는 떡볶이를 골랐는데 누가 만들었는지를 알고 나니까 '친한 사람이 만든 것을 고를 걸' 하는 생각이 드는 거야. 그때 아이들이 같은 정당 아이들의 법에 무조건 찬성하는 모습이 떠올랐어."

수정이가 분식집에서 있었던 일을 이야기해 주었다.

"왜 우리한테는 말 안 한 거야?"

영진이가 수정이에게 섭섭한 듯 투덜댔다.

"미안해. 너무 많은 사람이 알게 되면 아이들이 눈치챌까 봐 그랬어."

"난 괜찮아. 결과가 좋았잖아."

건혁이는 대수롭지 않은 듯 어깨를 으쓱였다.

"이제 무조건 다른 정당의 의견을 반대하는 일은 없겠지?"

"그렇지 않을까? '학용품 준비 법'도 열일곱 명이나 찬성했잖

아. 태양당 아이들이랑 함께당 아이들이 골고루 섞여 있었어."

"정말 다행이야!"

수정이는 갈등이 가득했던 활명수의 문제가 해결됐단 생각에 이제야 한시름 놓을 수 있었다.

"만장일치가 됐으면 좋았을 텐데……. 모처럼 협동해서 정한 법에 반대한 아이들은 뭐람."

기정이가 아쉬운 듯 입을 삐죽 내밀었다.

"만장일치가 무조건 좋은 건 아니에요."

어디선가 낯익은 목소리가 들려왔다.

"선생님!"

이야기를 나누고 있는 아이들을 선생님이 흐뭇한 표정으로 바라보고 있었다. 기정이는 선생님의 말씀에 의아한 표정을 지었다.

"선생님, 그게 무슨 말씀이세요? 모두 찬성하면 좋잖아요. 다툼도 없고."

선생님도 의자 하나를 가져와서 자리에 앉았다.

"모두가 찬성하면 좋겠죠. 하지만 반대하는 사람도 있어야 제안한 의견을 더 좋은 의견으로 발전시킬 수 있어요. 그러니 반대를 했다고 무조건 잘못했다고 말하는 건 옳지 않아요. 사람마다 생각은 다 다른 거니 존중해 줘야 해요."

"하지만 서로의 의견에 반대하니까 우리 반 분위기가 안 좋아졌는걸요?"

"그건 나와 다른 정당이라는 이유만 가지고 무조건 반대했기 때문이에요. 그건 건강한 회의의 모습이 아니었죠. 하지만 대통령님의 짧은 연설 이후에는 정당과 상관없이 제안된 법에 대한 찬성과 반대 의견을 자유롭게 나누는 건강한 회의가 됐어요."

수정이는 선생님 말씀이 조금은 어렵게 느껴졌다.

"우리가 만든 법이 완벽하고 모두를 만족시키는 법이라고 할 수는 없어요. 하지만 선생님이 보기에 우리가 더 나은 활명수를 위해 한 걸음씩 나아가고 있는 것 같아요."

"더 나은 활명수를 위해……."

수정이는 선생님의 말씀을 나지막이 되뇌었다.

7월 15일 활명수 국회 본회의 결과

가결

학용품 준비 법 (발의자: 이원 의원)

제1항 교실에 학용품 바구니를 준비해 둔다.
제2항 준비물을 깜빡한 사람은 학용품 바구니에서 빌려 쓸 수 있다.

가결

전학생 작별 파티 법 (발의자: 활명수 정부)

제1항 전학을 가는 국민이 있을 때 작별 파티를 연다.
제2항 작별 파티 비용은 세금으로 지출한다.

가결

반 대항 피구 법 (발의자: 활명수 정부)

제1항 대통령은 무지개초등학교의 다른 반에 피구 시합을 제안할 수 있다.
제2항 대통령은 다른 반의 피구 시합 제안을 받아들일 수 있다.

부결

아침 자습 시간 음악 감상 법 (발의자: 노원희 의원)

제1항 아침 자습 시간에 음악을 들어도 된다.

부결

숙제 금지 법 (발의자: 주시우 의원)

제1항 선생님은 숙제를 내어 주어서는 안 된다.

활명수 정치 상식 한 스푼

궁금증 하나 우리 주변에도 민주주의가 있나요?

우리 생활 다양한 곳에서 민주주의의 모습을 찾아볼 수 있어요. 가장 흔히 볼 수 있는 것이 반장 선거나 학교 임원 선거와 같이 투표로 대표를 정하는 일입니다. 이때 의견을 결정하는 방법은 다수결의 원칙을 이용하는 것이죠. 다수결의 원칙이란 더 많은 사람이 선택한 의견으로 결정하는 것을 말합니다. 하지만 수가 적은 쪽의 의견도 잘 들어 봐야 해요.

생활 속에서 다양한 갈등이 생겼을 때 갈등 당사자끼리 모여 해결 방법을 의논하는 것도 민주주의의 모습이라고 볼 수 있어요. 학급회의는 물론이고, 집에서 강아지를 키울 것인가 하는 문제를 놓고 가족이 다 함께 의논하는 것도 민주주의의 모습이에요. 이때는 대화와 토론을 바탕으로 갈등을 해결해 나가야 해요. 토론을 할 때는 나와 다른 의견을 인정하고 받아들이는 관용과 함께, 사실이나 의견이 옳으냐 그르냐를 따져 보는 태도가 필요하지요.

궁금증 둘 나라의 권력을 한 사람이 모두 가지면 어떻게 되나요?

국가의 권력이 어느 한 사람에게만 주어진다면, 권력을 함부로 사용하거나 국민의 권리와 자유를 해치게 된다고 해도 막을 수가 없겠죠? 이런 문제가 생기는 것을 막기 위해 우리나라는 입법부, 사법부, 행정부로 국가의 권력을 나누고 있어요. 권력을 세 개로 나누었다고 해서 이를 삼권분립이라고 하지요.
입법부, 사법부, 행정부가 서로 어떻게 견제하는지 알아볼까요?
입법부는 국회의 또 다른 이름이에요. 대통령과 정부가 하는 일을 감시하며 대통령이 대법원장을 임명할 때 동의나 반대를 통해 행정부와 사법부를 견제해요.
행정부는 정부를 뜻해요. 정부는 입법부가 법을 만들었을 때 그 법을 거부할 수 있어요. 그리고 대통령이 대법원장을 임명하는 권한으로 사법부를 견제해요.
사법부는 대법원, 고등법원, 지방법원 등 여러 법원 기관을 뜻해요. 입법부가 만든 법과 행정부가 만든 규칙들이 법을 어겼는지 아닌지 판단하고 심판하는 역할을 통해 입법부와 행정부를 견제해요.
이렇게 세 기관이 서로 균형 있게 국가의 권력을 나눠 가지고 서로를 견제해야 권력의 집중으로 인한 문제가 생기지 않고 민주주의를 실현할 수 있어요.

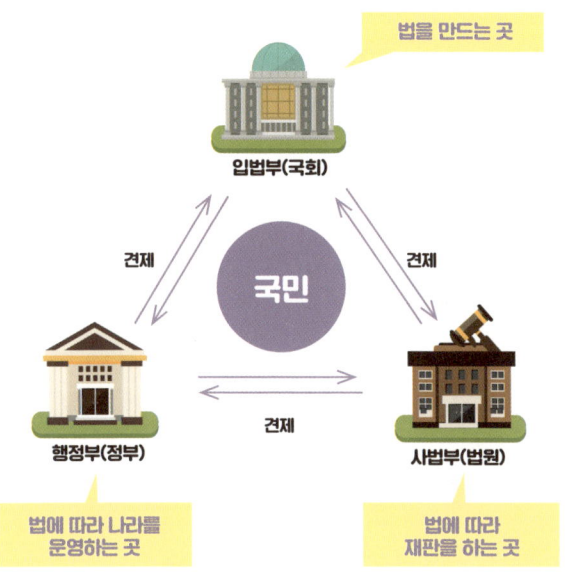

새로운 국무총리

 "대통령님, 오늘 정말 멋졌어요. 이런 식으로 해결할 거라곤 상상도 못 했는데, 대단해요."

 "저 혼자 한 건 아니에요. 기정이랑 원이가 많이 도와줬어요."

 친구들이 모두 하교한 교실에서 수정이는 선생님과 이야기 중이었다. 선생님의 칭찬에 어깨가 으쓱했지만 기정이와 원이가 도와줬다는 사실을 잊지 않았다.

 "활명수 나라를 위해 애써 주는 친구들이 많아서 정말 든든해요. 선생님이 많이 도와주지 못해서 미안하기도 하고요."

 "맞아요. 선생님 너무 바쁘세요! 선생님 없이 국무회의 하느라 얼마나 힘들었다고요."

 회의에 참석이 뜸했던 선생님에게 수정이가 투덜댔다.

"하하, 미안해요. 선생님이 요즘 너무 바빠서 국무총리로서 일을 제대로 못 했네요."

선생님이 머쓱한 듯 머리를 긁적였다.

"이럴 줄 알았으면 국무총리로 안 뽑았을 거라고요."

수정이가 팔짱을 끼며 장난스럽게 눈을 흘겼다. 수정이의 반응에 선생님은 당황한 듯하다가 말을 이어 갔다.

"그래서 말인데……."

"왜요?"

"선생님이 요즘 학교 일로 너무 바빠서 국무총리로서의 활동을 제대로 못 하잖아요. 곧 방학이니 2학기부터는 선생님 말고 새로운 국무총리를 정해서 정부 활동을 하는 건 어떨까요?"

"새로운 국무총리요? 국무총리를 바꿀 수 있는 거예요?"

"네, 국무총리는 대통령이 상황에 따라 새롭게 지명할 수 있어요. 선생님보다는 정부 활동에 더 열심히 참석할 수 있는 사람이 하는 게 활명수 나라와 국민을 위해서도 더 좋을 것 같아요."

수정이는 선뜻 대답을 하지 못했다. 회의에 참석하진 않아도 선생님이 정부 구성원이란 것만으로도 든든했기 때문이다. 선생님 없이 나라를 잘 이끌 수 있을까 걱정도 됐다.

"대통령님이 중심이 되면 선생님 없이도 잘 해낼 수 있을 거라 믿어요."

선생님의 따뜻한 응원에 수정이는 용기를 얻었다.

"네, 좋아요. 그렇게 할게요. 새 국무총리는……."

수정이는 잠시 뜸을 들였다.

'행복한 활명수를 위해 일할 사람이 누가 있을까.'

여러 친구의 얼굴이 머릿속을 스치고 지나갔다. 그러다가 무언가 결심한 듯 입을 뗐다.

"새 국무총리는 원이로 할래요."

"내가 새 국무총리라고?"

"응, 2학기부터 원이 네가 국무총리를 맡아 줬으면 좋겠어."

"국무총리는 선생님이잖아. 선생님은 어떻게 하고?"

원이가 놀란 표정으로 물었다.

"선생님이 바쁘셔서 국무총리를 계속하기 힘드시대. 그래서 새로 국무총리를 정하기로 했어."

"그렇구나……."

원이는 얼떨떨한 표정을 지었다. 하지만 수정이의 제안에 대답하는 데는 오랜 시간이 걸리지 않았다.

"좋아. 그럼 내가 국무총리 할게!"

"정말?"

"응. 앞으로 잘 부탁해요, 대통령님."

원이가 한 손을 수정이에게 내밀었다.

"나도 앞으로 잘 부탁해요. 국무총리님."

손을 맞잡은 두 친구의 얼굴에 미소가 번졌다. 마음 속에 쌓였던 서로에 대한 앙금이 사르르 녹아내리는 듯했다.

"금수정 대통령님! 왜 이렇게 늦었어요. 이야기할 게 얼마나 많은데!"

2학기가 시작되는 첫날, 교실 문을 열고 들어오는 수정이를 원이가 다그쳤다.

"무슨 말이야. 늦다니! 아직 8시도 안 됐잖아."

교실 벽에 걸린 시계는 7시 50분을 가리키고 있었다.

"대통령님! 새 국무총리님 열정이 넘쳐요."

영진이가 삐죽 삐져나온 머리를 손으로 열심히 누르며 하품을 했다. 그 옆에는 역시 잠이 덜 깬 듯 앉아 있는 건혁이가 보였다.

"너희는 대체 몇 시에 온 거…….''

"자, 얼른 2학기 첫 국무회의를 시작해요."

원이가 수정이의 말을 가로막았다. 방학 동안 실컷 늦잠을 자다가 일찍 일어난 탓에 졸려 보이는 영진이나 건혁이와 달리 원이는 기운이 넘쳐 보였다.

"원아."

"국무총리예요, 대통령님."

원이가 수정이의 표현을 고쳐 주었다. 원이는 국무총리라는 이름이 꽤 마음에 드는 듯했다. 수정이는 원이가 방학 동안 국무회의를 하고 싶어 안달이 났었으리라고 생각했다.

"아, 국무총리님. 오늘은 첫날이니까 조금 편하게 이야기를…….''

"일단 제 생각엔 2학기에 티볼 대회가 있는데 선수들에게 세금으로 간식이라도 사 주면 어떨까 싶고요. 2학기에 세금이 얼마나 쓰일지도 미리 계산해 보면 좋을 것 같고요…….''

원이가 속사포처럼 말을 쏟아냈다.

"국무총리님, 하나씩 천천히…….''

영진이가 머리를 누르고 있던 손을 떼고 원이에게 진정하라는 손동작을 해 보였다.

"아, 죄송해요. 제가 너무 의욕이 앞섰네요."

수정이는 너무나 열정 넘치는 원이의 모습에 살짝 당황했다. 하지만 원이를 국무총리로 뽑길 잘했다고 생각했다.

"수정아! 방학 잘 보냈어?"

"응……."

기정이가 오랜만에 본 수정이에게 인사를 건넸다. 수정이는 힘없는 목소리로 대답했다.

"너 어디 아파?"

수정이의 힘없는 모습을 본 기정이가 깜짝 놀라 물었다.

"아니, 아침에 회의하느라 머리를 너무 많이 써서 그래. 배터리 방전이야, 방전."

"회의라고? 개학 첫날 아침부터 국무회의 한 거야?"

"응. 그런데 새로운 국무총리님의 열정이 너무 넘쳐서 힘들어."

수정이가 고개를 절레절레 흔들었다.

"새로운 국무총리면 원이 말이야?"

"응, 걔는 국무총리를 위해 태어난 애 같아."

수정이의 지친 모습을 본 기정이가 키득키득 웃었다.

위기의 국민을 도와라!

"……."

수업 후 활명수 정부의 국무회의 시간. 교실에는 침묵만 흐르고 있다. 아침만 해도 열정이 넘치던 원이조차 웬일인지 아무 말도 하지 않고 있었다.

"큰일이야. 대통령님, 활명수 나라에 실업자가 생겼어요."

원이가 종이 한 장을 내밀었다.

활명수 나라에 실업자가 생기게 될까?

2학기가 시작되면서 그동안 우리 학교에 진행 중이던 급식실 공사가 모두 끝났다. 2학기부터는 교실이 아닌 급식실에서 학생들이 점심을 먹게 되면서 교실 급식 배식을 책임지던 급식 도우미 직업이 필요 없어지게 될 전망이다.

또한 학교는 학생들의 편의를 위해 앞으로 복도 청소는 청소업체에 맡기기로 결정했다. 다음 주부터 복도 청소는 학교와 계약한 청소 업체에서 담당할 예정이다. 이로 인해 복도 청소부 직업도 사라질 예정이다.

……

여러 가지 이유로 0퍼센트의 실업률을 자랑하던 활명수 나라에 실업자들이 생기게 될 전망이다.

활명수일보 유세아 기자

"급식 도우미 네 명, 복도 청소부 한 명, 총 다섯 명이 직업을 잃었어. 송이가 전학 가서 전체 국민이 스물여섯 명이니까……, 실업률이 19퍼센트나 돼요!"

건혁이가 계산기를 두드리며 말했다.

"아까 보니까 복도 청소부 시우는 입에 거품을 물더라. 정부에서 어려움에 처한 국민을 도와줘야 할 텐데, 어떻게 도와주지?"

수정이가 깊은 한숨을 내쉬었다.

"휴……."

다시 한번 네 친구 사이에 정적이 흘렀다. 누구도 선뜻 좋은 아이디어가 떠오르지 않는 눈치였다.

"친구들이 받던 월급을 세금으로 대신 주는 건 어떨까?"

팔짱을 끼고 생각하던 영진이가 의견을 냈다.

"도움이 될 것 같긴 한데, 그렇게 하면 열심히 일하는 친구들

이 억울하지 않을까?"

건혁이가 영진이의 말에 반대 의견을 냈다.

"건혁이 말이 맞아. 일을 안 해도 세금으로 월급만큼 돈을 받을 수 있다면 누가 일을 하려고 하겠어?"

원이가 건혁이의 말에 힘을 실었다.

"그리고 일자리를 잃어서 월급을 받지 않는 친구들은 버는 돈이 없으니까 세금도 내지 않게 되잖아. 들어오는 세금은 줄었는데 나가는 세금이 늘면 나라 살림에 쓸 돈이 많이 부족해지지 않을까?"

"맞아. 그리고 일자리를 잃는 아이들이 더 나오면 어떻게 해? 세금이 아예 다 없어질 수도 있잖아."

"그것도 그렇네."

친구들의 말을 가만히 듣고 있던 수정이가 나지막이 말했다. 수정이는 대통령으로서 일자리를 잃어 위기에 처한 국민을 돕고 싶은 마음은 굴뚝같았지만 좋은 아이디어가 떠오르지 않았다.

"그럼, 이건 어때?"

세 친구가 원이의 아이디어에 귀를 기울였다.

"거두는 세금이 줄어서 세금으로 일자리를 잃은 친구들에게 돈을 주는 건 어렵잖아. 그러니까 돈을 벌고 있을 때 미리 일자리를 잃을 걸 대비해서 돈을 내는 거야. 그리고 그렇게 모아 둔

돈으로 일자리를 잃은 친구에게 돈을 주는 거지!"

"어? 비슷한 얘길 들어 본 것 같아! 엄마가 내가 다쳤을 때를 대비해서 돈을 내고 있다고 했어. 그게 뭐더라?"

수정이가 인상을 찌푸리며 단어를 떠올리려고 애썼다. 하지만 머릿속에서 어렴풋이 맴돌 뿐 정확한 단어가 생각나지 않았다.

"혹시 보험 말하는 거야?"

"맞아, 보험! 보험을 만들자는 거지?"

수정이가 답답함이 가셨다는 듯이 활짝 웃었다.

"일자리를 잃었을 때 돈을 주는 보험을 만드는 거야!"

네 친구는 해답을 조금씩 찾아 가는 것 같아 힘이 났다. 활명수 정부는 국회 본회의에서 제안할 고용보험법 제안서를 만들기 시작했다.

"일자리를 구하려고 노력한 사람들한테만 보험금을 주는 것이 어떨까요? 실업자라고 해서 보험금을 계속 주면 직업을 계속 안 가질 수도 있으니까요."

"맞습니다. 관련 내용을 추가했으면 좋겠습니다."

2학기에 진행된 활명수 국회 본회의는 1학기의 험악한 분위

기와 많은 점이 달라져 있었다. 구체적인 내용에는 의견 차이가 있었지만, 실업에 대비하는 법을 만들어야 한다는 점에는 모두 동의했다.

"그리고 보험금 액수와 횟수를 제한하는 것은 어떨까요?"

"좋습니다. 태양당에서 말씀하신 대로 제한하되, 최저생계비 130미소를 두 번까지 받는 것으로 하면 좋겠습니다."

의견이 다른 부분은 서로 조금씩 배려하고 양보하며 법을 수정해 갔다.

표결도 일사천리로 진행됐다.

"정부에서 제안한 '고용보험법'은 찬성 열일곱 명, 반대 세 명, 기권 두 명으로 가결됐습니다."

활명수 고용보험법

- 제1항 활명수 국민은 고용보험에 가입할 수 있다.
- 제2항 고용보험에 가입한 사람은 보험료를 내야 한다.
- 제3항 고용보험에 가입한 사람은 일자리를 잃었을 때 130미소씩 두 달 동안 보험금을 받을 수 있다.
- 제4항 일자리를 잃은 뒤 새로운 직업을 갖기 위해 노력한 사람에게만 보험금을 준다.

"기정아, 너도 고용보험 가입했어?"

수정이가 부르르 떨며 기정이 옆으로 다가가 팔짱을 꼈다. 무덥던 공기가 어느새 차가운 바람으로 바뀌어 있었다.

"응! 진작 가입했지. 정말 든든해! 일자리를 잃어도 도움을 받을 수 있으니까. 국민을 생각하는 활명수 정부, 정말 멋져!"

"알아봐 주시니 감사하네요."

기정이의 칭찬에 수정이의 입이 귀에 걸렸다.

지난 국회 본회의에서 고용보험법이 통과된 후 꽤 많은 국민이 고용보험에 가입했고, 실제로 보험금을 받은 친구들도 있었다. 수정이는 국민에게 도움을 줄 수 있는 제도를 마련했다는 생각에 뿌듯해졌다.

"직업을 잃은 국민을 나라에서 도와줄 수 있어서 다행이야. 갑자기 실업률이 높아져서 걱정했는데, 친구들이 새로운 직업을 만들고, 또 자기 적성을 살려서 직업을 두 개나 가진 친구들도 늘어나고 말이야. 그 덕에 티볼 대회 끝나고 과자 파티에 쓸 세금도 충분해졌어!"

"수정이 너 이제는 진짜 대통령 같아."

기정이가 칭찬을 이어 갔다.

"정말?"

수정이는 기정이의 말에 처음 대통령 선거에 나가기로 마음먹었던 때가 떠올랐다. 처음에는 대통령이라는 자리가 멋져 보여서 하고 싶었지만, 이제는 대통령과 정부는 국가와 국민을 위해 일하는 자리라는 것을 알고 책임감을 느끼고 있었다. 반 전체가 한마음으로 활명수 나라를 행복한 나라로 만들 방법을 고민하며 법을 만들고 이야기를 나누는 모습이 너무나 좋았다. 수정이는 자신이 활명수의 대통령이라는 사실에 뿌듯함을 느꼈다.

아쉬운 작별

"하아."

수정이가 입을 벌려 숨을 크게 내쉬었다. 입김이 하얗게 보였다.

"기정아, 이것 봐. 입김 나온다."

수정이가 자기 입에서 나온 입김을 손가락으로 가리켰다.

"난방기가 고장 나다니. 너무 추워. 그래도 난 오늘 산 목도리 덕분에 따뜻하다."

기정이가 목에 두른 새 목도리를 손으로 꾸욱 누르며 말했다.

기정이는 우유 급식을 관리하는 기존의 낙농협회 직업을 유지하면서 점심시간에 신청곡을 받아 음악을 틀어 주는 직업인 디제이(DJ)를 새로 만들어 투잡으로 꽤 많은 돈을 모았다. 그리고 오늘 열린 활명수 경매 행사에서 눈여겨보던 목도리를 손에 넣었다.

"그나저나 다음 주면 벌써 졸업이네."

기정이가 교실 벽에 걸린 달력을 보며 졸업까지 남은 날짜를 세었다.

"아쉽다. 직업 활동으로 월급도 받고, 우리 반에 필요한 법도 우리가 직접 만들고! 너무 재미있었는데 말이야."

"금수정 대통령님의 임기도 이제 끝이네?"

"1년은 너무 짧은 것 같아. 대한민국 대통령처럼 한 5년은 해야 하는 거 아니야?"

수정이도 활명수 친구들과 헤어진다는 게 아쉬웠다. 그리고 대통령으로서 생활하는 것이 이제 끝이라는 것도 서운했다.

"그럼 6학년을 5년이나 다녀야 하잖아."

"아, 그건 또 너무하네. 하하하."

수정이가 호탕하게 웃었다.

"딩동댕동."

친구들과 이런저런 이야기를 나누다 보니 쉬는 시간이 금방 끝났다. 아이들은 자기 자리로 서둘러 돌아갔다.

"자 여러분, 수업 시작합니다."

선생님이 의자에서 일어나 칠판 앞으로 걸어 나왔다.

"우우우우, 선생님! 이제 곧 졸업인데 놀아요!"

"맞아요! 그리고 교실이 너무 추워요! 강당에 가서 피구라도 해요."

아이들의 아우성이 대단했다.

"여러분, 아무리 선생님이라도……."

"법에 따라서 행동해야 하죠?"

선생님이 말을 꺼내자마자 아이들이 합창하듯 말했다.

"하하하. 잘 알고 있네요."

이제 활명수 아이들은 법에 따라 생활하는 데 익숙해져 있었다. 모두를 위해 필요한 법을 직접 만들었고, 함께 논의해서 결정했기 때문에 더 열심히 지켜야겠다는 마음도 들었다.

"오늘은 1년 동안 함께한 친구들을 모두 떠올리며 롤링 페이퍼를 만들어 봅시다."

칠판을 향해 돌아선 선생님은 '롤링 페이퍼'라고 썼다. 그런 다음 여러 가지 색깔의 도화지를 아이들에게 나누어 주었다.

학교를 마치고 집으로 돌아가는 활명수 아이들의 손에는 색색의 롤링 페이퍼가 한 장씩 쥐어져 있었다.

"수정아, 롤링 페이퍼 봤어?"

기정이가 수정이에게 다가왔다.

"아니, 이제 보려고."

수정이는 돌돌 말린 종이의 끈을 풀어 하늘색 롤링 페이퍼를 펼쳐 봤다. 선생님의 메시지까지 스물일곱 개의 글씨체로 적힌 편지들이 한눈에 들어왔다.

금수정

- 금수정 대통령님. 1년 동안 활명수 나라를 잘 이끌어 줘서 고마워요. 생각보다 카리스마 있으신 듯?
- 이제야 손발이 잘 맞나 싶더니 이별이네. 너랑 활명수 정부 일을 함께 해서 즐거웠어.
- 믿음직한 활명수 나라의 대통령 수정아, 졸업 축하해!
- 책임감 있는 모습에 반했어. 중학교에서도 반장 선거 나오면 꼭 뽑아줄게!
- 사실 대통령 선거 때 너를 안 뽑았는데 다시 투표하면 너를 뽑을 것 같아.
- 수정아, 6학년 때 너의 새로운 모습을 본 것 같아. 활명수를 위

- 해 애써 줘서 고마워. 중학교 가서도 자주 연락하고 지내자.
- 활명수 대통령! 꼭 대한민국 대통령도 해!
- 영원한 활명수 대통령 파이팅! 생각보다 잘해서 깜놀!
- 본회의 때 연설하신 거 너무 멋졌어요. 팬 됐어요!
- 중학교 가서도 친하게 지내자!
- 졸업을 축하합니다.
- 안녕? 잘 가.

……

수정이는 롤링 페이퍼의 내용을 하나하나 살펴봤다. 1년 동안 열심히 노력했다는 사실을 친구들이 알아주는 것 같아 마음이 찡했다. 그리고 지난 1년 동안 있었던 여러 일이 머릿속에 떠올랐다.

"이기정, 이거 너지?"

수정이가 롤링 페이퍼에 적힌 내용 중 하나를 콕 짚으며 기정이에게 보여 줬다.

"어떻게 알았어?"

"글씨체가 딱 너잖아."

"아차, 왼손으로 쓸 걸."

기정이는 손바닥으로 이마를 탁 하고 쳤다. 두 친구는 서로의 롤링 페이퍼를 돌려 보며 깔깔대고 웃었다.

'활명수도, 대통령도 이제 진짜 끝이네.'

수정이는 아쉬운 마음이 커져 갔다.

"자, 여러분. 지금 나눠 주는 종이에 각자 장래 희망을 적어 주세요."

졸업식 1주일 전 선생님이 아이들에게 작은 종이를 한 장씩 나눠 주었다.

"선생님, 장래 희망은 왜요?"

수정이는 오늘도 어김없이 가장 먼저 손을 번쩍 들며 질문했다.

"졸업식 날 여러분이 교장 선생님께 졸업장을 받을 때 화면에 여러분 사진이랑 이름, 장래 희망이 나올 거라서 필요해요."

선생님의 말씀을 들은 아이들은 '졸업이 정말 가까워졌구나' 하고 실감이 났다.

"장래 희망이라······."

수정이는 장래 희망으로 무엇을 적을지 잠시 고민했다. 그리고 곧 거침없이 적어 나갔다. 수정이만이 아니라 모든 활명수 아이가 자신의 장래 희망을 한 글자, 한 글자 정성껏 종이에 적었다.

　며칠 뒤 졸업식 날. 6학년 1반 활명수 친구들이 가장 먼저 졸업장을 받게 됐다. 출석번호 1번인 수정이가 첫 번째로 단상에 올랐다.

교장 선생님이 마이크로 수정이의 이름을 크게 부르자, 단상 아래에서 졸업생들과 졸업식에 참석한 사람들의 박수와 환호 소리가 터져 나왔다.

"미래의 대한민국 대통령이 될 6학년 1반 금수정. 졸업을 축하합니다!"

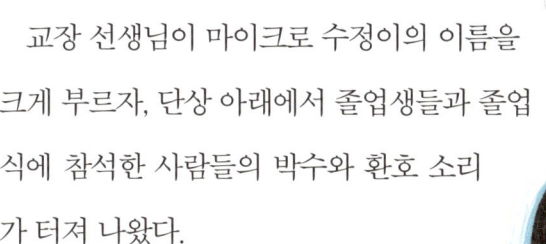

 활명수 정치 상식 한 스푼

궁금증 하나 나라는 국민을 어떻게 도와주나요?

나라에서는 국민을 보호하기 위해 다양한 노력을 하고 있어요. 일자리를 잃은 국민이 도움을 받을 수 있는 고용보험도 그중 하나죠. 정부에서는 생활이 어려운 사람들에게 생활비 등을 지원해 주는 기초생활보장제도, 아이를 낳고 키우는 것을 도와주기 위한 아동·보육 등의 예산도 마련해 두고 있어요. 우리 사회에서 도움이 필요한 다양한 사람들을 정부가 도와주는 거죠. 또한 모든 국민이 교육을 받을 수 있도록 노력하고 있어요. 그래서 여러분이 학교에서 먹는 급식, 교과서, 학습준비물 등도 무상으로 받을 수 있는 거랍니다.

궁금증 둘 우리나라는 처음부터 민주주의 국가였나요?

우리나라는 국민이 주인인 민주주의 국가입니다. 하지만 민주주의를 그냥 쉽게 얻게 된 것은 아니에요. 많은 사람의 노력이 있었답니다. 대표적으로 4·19 혁명, 5·18 민주화운동, 6월 항쟁이 있죠.

- **4·19 혁명:** 우리나라의 초대 대통령이었던 이승만은 오랫동안 집권하기 위해 불법적인 방법으로 선거를 했어요. 이에 항의하는 시민들이 거리로 쏟아

져 나왔고, 정부에서는 폭력적으로 시위를 진압했어요. 그 와중에 고등학생이었던 김주열 군이 죽은 채로 발견되자 시위가 전국적으로 퍼져 나갔고, 결국 이승만은 대통령 자리에서 물러났어요. 대한민국의 첫 민주화운동으로 이후 5·18 민주화운동과 6월 항쟁에 영향을 주는 사건입니다.

- **5·18 민주화운동:** 전두환이 군대를 이끌고 대통령의 자리에 오른 것에 항의하며 사람들이 시위를 하기 시작했어요. 이때 전라남도 광주에서는 시민들이 대규모로 시위를 일으켰죠. 그러자 전두환이 군대를 보내 시민들을 향해 총을 쏘며 시위를 진압하려 했어요. 사람들은 군인들에게 대항했고, 이 과정에서 많은 사람이 죽거나 다쳤어요. 5·18 민주화운동은 부당함에 맞서 민주주의를 지키려고 노력한 사건이랍니다.
- **6월 항쟁:** 1987년 국민이 직접 대통령을 뽑는 '직선제'로 헌법을 바꾸기 위해 전국 곳곳에서 시위를 벌였습니다. 전국적으로 퍼져 나간 시위 덕에 마침내 직선제가 받아들여졌죠. 국민의 대표인 대통령을 국민이 직접 뽑지 못하도록 한 정권에 맞서 민주주의를 지켜낸 중요한 사건입니다.

지금 우리가 누리고 있는 민주주의는 이처럼 수많은 사람의 피와 땀, 눈물로 이뤄낸 것입니다. 이렇게 힘겹게 쟁취한 자유와 권리를 지키고 더 나은 미래를 만들기 위해서, 국민으로서의 의무와 권리를 소중히 여기고 잘 지켜야겠죠?

어린이를 위한 민주 시민 교육 동화
법 만드는 아이들

제1판 1쇄 발행 | 2022년 4월 27일
제1판 16쇄 발행 | 2025년 10월 16일

지은이 | 옥효진
그린이 | 김미연
펴낸이 | 하영춘
펴낸곳 | 한국경제신문 한경BP
출판본부장 | 이선정
편집주간 | 김동욱

주소 | 서울특별시 중구 청파로 463
기획편집부 | 02-360-4556, 4584
홍보마케팅부 | 02-360-4595, 4562   FAX | 02-360-4837
H | http://bp.hankyung.com   E | bp@hankyung.com
F | www.facebook.com/hankyungbp
등록 | 제 2-315(1967. 5. 15)

ISBN 978-89-475-4813-7   73810

책값은 뒤표지에 있습니다.
잘못 만들어진 책은 구입처에서 바꿔드립니다.